# 웰컴!
# 태국

# 웰컴! 태국

**초판 1쇄 인쇄** | 2023년 6월 23일
**초판 1쇄 발행** | 2023년 6월 30일

**지은이** | 이승철
**펴낸이** | 박영욱
**펴낸곳** | 깊은나무

**주　소** | 서울시 마포구 월드컵로 14길 62 북오션빌딩
**이메일** | bookocean@naver.com
**네이버포스트** | post.naver.com/bookocean
**페이스북** | facebook.com/bookocean.book
**인스타그램** | instagram.com/bookocean777
**유튜브** | 쏠쏠TV · 쏠쏠라이프TV
**전　화** | 편집문의: 02-325-9172　영업문의: 02-322-6709
**팩　스** | 02-3143-3964

**출판신고번호** | 제 2013-000006호

ISBN 979-11-91979-34-3 (03910)

여행 상담사가 알려주는 태국 패키지여행의 모든 것

# 웰컴! 태국

이승철 지음

깊은나무

태국은 명실상부 동남아시아 No.1 여행지이며, 필리핀, 베트남, 인도네시아 등과 함께 오랫동안 사랑받는 여행지이기도 하다. 방콕, 푸켓, 파타야와 같은 유명 도시들은 말할 것도 없고, 카오락이나 크라비와 같이 유러피언이나 서양권의 여행객들에게 인기 있던 소도시들마저 점차 알려지게 되어 우리나라 여행객들도 많이 찾는 여행지가 되었다. 아름다운 바다와 다양한 볼거리와 즐길 거리, 맛있는 음식과 저렴하게 즐기는 마사지 등 수많은 여행 인프라를 가진, 말 그대로 '어메이징'한 나라가 태국이다.

내가 여행사에 입사한 후 가장 먼저 간 곳이 바로 태국의 푸켓이었다. 물론 여행사 상품을 잘 팔기 위한 현지답사 때문에 처음으로 방문한 태국이었지만, 그 당시의 기억이 너무 좋았고, 이후 여러 차례 방문했지만 매번 새로운 것을 보고, 느끼고 왔던 것 같다. 파타야, 코사무이 등에서는 같은 태국임에도 방콕이나 푸켓과는 다른, 지역마다 색다른 매력을 느낄 수 있었다.

이 책은 여행사에서 판매하는 패키지 프로그램으로 태국을 여행하고자 하는 사람들에게 도움이 되었으면 하는 마음으로 준비했다. 태국을 패키지여행으로만 방문할 수밖에 없었던 과거와는 달리 최근에는 여행사의 도움 없이 자유 여행으로 방문하는 여행객들이 많아졌다. 하지만 여전히 여행사의 패키지 프로그램을 이용해 태국 여행을 즐기는 사람들도 많다. 예를 들어 태국을 비롯한 동남아시아 여행 자체가 처음인 사람, 나이가 많아 자유 여행이 부담스러운 여행객, 여행 준비에 시간을 들이기 어려운 신혼부부 등 여전히 다양한 층에서 자유 여행보다는 패키지여행을 선호하는 편이기도 하다.

국내에 유통되는 수많은 태국 여행 관련 도서나 다양한 콘텐츠의 경우 태국 여행에 대한 전반적인 부분, 자유 여행을 위한 여행지 소개나 맛집 소개, 여행 코스 짜기 등의 내용을 주로 다루고 있으나, 실제로 여행사에

서 판매하는 패키지여행에 대한 정보나 주의 사항 등을 다루는 책이나 글은 많지 않다.

과거 여행사에서 만든 패키지여행 프로그램을 직접 판매해본 나의 경험을 살려, 태국 여행에 대한 전반적인 이야기와 함께 우리에게 잘 알려진 이야기부터 드러나지 않은 숨겨진 이야기까지 가능한 한 모두 다뤄볼 예정이다. 어떤 면에서는 여행사에서 근무하는 여행 상담사 혹은 상품 판매 사원들에게도 도움이 될 수 있을 것이다. 이 책은 기본적으로 패키지여행을 준비하는 여행객을 위한 것이지만, 그 속에서 여행사 직원들의 여행 상담에 도움이 될 만한 내용 또한 분명히 있다고 생각한다.

태국 내 수많은 도시를 전부 다루지 못한 게 아쉽지만 내가 하고자 하는 태국 여행에 대한 다양한 이야기는 6개의 도시(푸켓, 크라비, 코사무이, 후아힌, 파타야, 방콕) 만으로도 충분하고, 타 도시에도 해당되는 내용 또한 상당수 포함하고 있으므로 책에서 소개되지 않은 도시로 여행을 떠난다 하더라도 분명 도움이 될 것이다.

여행사에서 판매하는 패키지여행에 대한 다양한 이야

기를 앞뒤 가리지 않고 다루는 만큼 '여행사 저격 도서'로 오해를 받을 수도 있을 것 같다. 하지만 이 책에서 서술한 내용은 여행사의 패키지 프로그램을 통해 여행을 떠나는 여행객도, 여행사에서 고객에게 패키지여행 상품을 판매하는 상담사들도 알아둬야 할 내용이라는 점을 미리 언급하고 싶다.

개인마다 생각하는 여행의 목적은 다르지만, 분명 '즐거움'이라는 목적 하나만큼은 공통될 것이다. 여행에 있어서 즐거움을 해칠 만한 요소는 없어야 하기에, 여행객은 패키지여행에 대한 전반적인 지식을 가지고 있어야 하고 여행사는 단순히 여행객을 돈벌이 수단으로만 생각하지 말고 여행객이 자사의 프로그램을 통해 여행하는 동안 충분히 즐거울 수 있도록 최선을 다해야 할 것이다.

# contents

prologue 4

## Chapter 1 푸켓

01. 태국의 No.1 휴양지 푸켓, 여행사 직원들에게도 인기가 많다? 14
02. 다양한 섬 투어와 해양스포츠의 천국, 푸켓의 옵션 투어 21
03. 푸켓의 올드타운과 빠통, 푸켓을 대표하는 상권은 어떤 곳일까? 28
04. 태국 최고의 섬 시밀란을 품은 지역, 카오락 35
05. 푸켓의 풀 빌라: 여행사에서 추천하는 풀 빌라에는 비밀이 있다 41

## Chapter 2 크라비

01. 태국의 숨은 보석, 크라비 52

02. 화려함보단 아기자기함, 아오낭 비치와 시내 59

03. 팡아 만의 아름다움을 즐길 수 있는 곳, 크라비섬 투어 64

04. 란타섬 리조트, 휴양의 끝판왕 72

## Chapter 3 코사무이

01. 신혼여행지로 유명한 섬, 코사무이 82

02. 정글 투어, 태국의 진짜 자연을 즐기다! 90

03. 섬도 작고 시내도 아기자기한 곳, 차웽과 라마이 96

04. 코사무이 투어의 핵심, 코낭유안 101

05. 코사무이의 풀 빌라: 여행 콘셉트를 고려하자 109

## Chapter 4 후아힌


01. 왕족의 휴양지, 후아힌은 어떤 곳일까? 118

02. 후아힌에는 독특한 시장이 있다? 후아힌 야시장 & 시카다 마켓 125

03. 원숭이 사원 카오 타키압, 왕들의 동상이 있는 라차팍 공원 134

04. 후아힌에는 왜 럭셔리 리조트들이 많을까? 141

## Chapter 5 파타야


01. 태국의 1세대 휴양지 파타야, 지금은 한물갔다고? 148

02. 파타야 투어의 핵심이자 해양스포츠의 정석, 코란 투어 154

03. 파타야는 매춘의 도시? 워킹 스트리트와 부아카오 거리 161

04. 이색 투어, 농 눅 빌리지 & 내륙 투어 168

05. 파타야의 다양한 쇼, 그리고 트랜스젠더 이야기 178

## Chapter 6 방콕


01. 태국의 수도, 방콕을 돌아보자 186

02. 방콕 역사 여행의 시작, 왕궁 투어 & 새벽 사원 193

03. 밤이 되면 클럽이 되는 카오산 로드와 주변 거리 202

04. 짜오프라야강에서 디너 크루즈를 즐기다, 아시아티크 209

05. 태국의 독특한 시장, 담넌사두억 수상시장 & 매끌렁 위험한 시장 216

06. 태국 여행의 또 다른 즐거움, 마사지 이야기 224


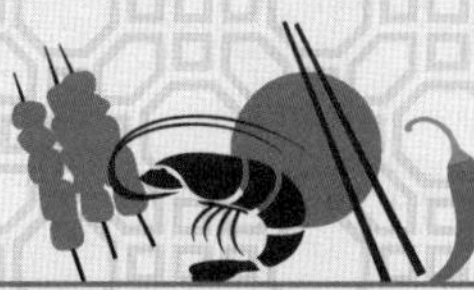

## 부록 알아두면 한층 즐거운 태국 여행 꿀팁


태국 패키지여행 준비와 함께 알아두어야 할 것들 234

쇼핑, 패키지여행에서 가장 불편한 시간? 244

# Chapter 1

# 푸켓

## 01
# 태국의 No.1 휴양지 푸켓, 여행사 직원들에게도 인기가 많다?

푸켓은 파타야와 더불어 태국을 대표하는 관광 명소이자 휴양지이다. 필리핀의 보라카이와 세부, 인도네시아의 발리, 베트남의 다낭과 나트랑 등 동남아시아를 대표하는 휴양지들은 정말 많지만 태국의 푸켓만큼 오랫동안 휴양지로서의 인기를 누리는 장소는 많지 않다. 에메랄드빛 아름다운 바다에서 즐기는 스노클링과 스킨스쿠버, 다양한 해양스포츠와 호핑 투어, 그리고 아름다운 자연경관과 고급스러운 리조트 및 풀 빌라, 화려한 밤 문화와 태국 마사지 등 휴양과 투어를 위한 다양한 인프라를 갖춘 지역이라고 볼 수 있다.

푸켓은 태국 남부에 있는 섬으로 태국에서는 가장 큰 섬이다. 섬의 면적만 본다면 제주도의 1/3 정도, 거제도와 비슷한 크기다. 하지만 섬이 위아래로 길쭉하게 생겨 섬 북부와 섬 남부를 이동할 때 생각보다 시간이 꽤 걸린다. 섬 북부에 있는 공항에서 푸켓의 메인 시내인 빠통 비치까지는 약 30km 거리, 차량으로 이동해도 45분~1시간 정도 소요되는 거리이다. 그래서 푸켓을 자유 여행으로 가게 된다면, 푸켓 내 지역 이동 시의 시간 계산을 잘해야 한다.

나는 태국 내 수많은 도시 중 푸켓을 가장 먼저 방문했다. 2015년 여행사 입사 후 약 8개월 정도 되었을 때 처음 푸켓을 방문하게 되었다. 현지답사 업무로 본사 및 지사에서 인원을 모아 약 10명 정도가 한 팀을 꾸려 푸켓으로 떠났다. 당시에는 가격 절감을 위해 직항 항공편이 있음에도 불구하고 방콕을 경유하여 갔는데, 생각해보면 시간적으로 비효율적이긴 해도 나름 항공편 경유에 대한 경험을 쌓을 수 있었기에 마냥 나쁘지만은 않았다.

사실 인스펙션 업무(답사)를 위해 여행지로 가게 되면 생각보다 바쁘다. 짧은 시간 내에 수많은 리조트를 방문해야 하고, 실제 여행 코스의 프로그램도 진행해봐야 한다. 나 또한 당시 4박 6일이라는 짧은 일정 동안 푸켓 및 카오락의 리조트 약 스무 곳을 살펴보고, 고객들이 직접 하게 되는 해양스포츠 코스를 둘러봐야 했다. 가이드 및 리조트 직원과 대화 및 식사, 질의응답 등 매우 바쁜 일정을 모두 진행했어야만 했다. 아마 인솔자였던 본사 직원은 10인의 직원들까지 통솔해야 했기에 더욱 바빴을 것이다. 신기하게도 현지답사를 진행한 여행사 직원 10명 중 인솔자를 제외하면 나를 포함한 모두가 여행사에 입사한 지 불과 1년이 채 되지 않은 초보 여행 상담사들이었다.

내가 일했던 여행사는 국내에서도 제법 큰 규모를 가진 신혼여행 전문 여행사였는데, 푸켓이라는 지역의 패키지 판매 및 여행 상담에

Ⅰ 아름다운 푸켓의 하늘과 바다, 코코넛 빌리지 리조트의 석양.

대한 부분을 갓 입사한 초보 여행사 직원들에게 맡기는 편이었다. 다른 신혼여행 여행지보다 수익성이 좋고, 여행 상품 판매를 하기 좋은 심플한 프로그램으로 일정이 짜여 있기도 했으며, 리조트 정보만 잘 알고 있으면 나머지는 카탈로그의 멋진 리조트 사진으로 고객들의 눈을 사로잡을 수 있기 때문이었다.

판매에 있어서 타 여행사와 경쟁이 많은 지역도 아니고, 만일 경쟁이 있다고 하더라도 여행사에서 리조트와 계약을 잘해서 좋은 금액으로 룸 가격을 잘 받아올 수 있다면 타 여행사와의 경쟁에서 질 가능성은 거의 없다. 여행사에서 제대로 여행 프로그램을 만들어 놓고 좋은 가격만 세팅한다면 초보 여행사 직원이라도 어렵지 않게 고객에게 여행 상품을 어필할 수 있으며, 좋은 수익을 남길 수 있다.

그렇다 보니 나와 함께 현지답사를 갔던 여행사 직원들은 인솔자를 제외하곤 모두 입사한 지 얼마 되지 않은 여행사 직원뿐이었고, 게다가 나이도 모두 젊은 편이었기에 체력도 좋고 텐션도 남달랐다. 4박 6일간의 어마어마한 일정들이 모두를 힘들게 하긴 했지만, 확실히 젊은 상담사 직원들은 현지답사 일정의 힘듦이나 어려움보단 푸켓이라는 여행지가 주는 매력을 잘 받아들이며 즐기는 모습이었다. 몸은 조금 힘들지만 아름다운 바다와 멋진 리조트, 풀 빌라들을 직접 보고, 요트도 타고, 맛있는 태국 음식도 먹어 보며 직접 푸켓 여행의 장점을 알게 되었다. 현지답사를 다녀온 후 푸켓에서 보고 느꼈던 감정과 경험을 토대로 고객에게 푸켓 여행의 매력을 어필함으로써 여행사 매출 증대에 큰 영향을 주게 되었다.

이렇게 이야기하면, 여행사 측의 수익성이 높은 상품이라는 이미지 때문에 푸켓 여행을 패키지로 가면 무조건 고객 손해가 아닌지, 오해할 수 있다. 경력도 거의 없는 초보 여행 상담사가 혹시 사고를 치지 않을까, 수익성을 많이 가질 수 있는 푸켓의 여행 상품이 많다 보니 바가지를 씌우는 것이 아닐까, 자유일정으로 여행 준비를 하면 훨씬 편하고 저렴하게 할 수 있지 않을까 하는 오해 말이다. 물론 상황에 따라 다르겠지만, 여행사에서 판매하는 푸켓 패키지여행이 무조건 문제가 있다는 오해는 하지 않았으면 좋겠다.

푸켓은 같은 태국의 수도인 방콕과 달리 교통편이 좋지 않다. 그리고 앞에서 설명했다시피 섬의 규모가 크고 길다. 그래서 푸켓 내 여행지들을 이동할 때 교통편에 대한 문제가 발생하는데, 해외여행 초심자에게는 그랩(GRAB)과 같은 사설 택시 애플리케이션을 이용하는 건 고사하고 택시를 잡아타는 것마저 쉽지 않다. 특히 태국 내 관광지에서의 택시들은 미터기를 켜지 않고 흥정하려 하는데, 자칫 잘못하면 택시비 바가지를 쓰기 쉽다. 관광지와 시내, 리조트와의 거리도 제법 멀기 때문에 푸켓 여행에서 문제가 되는 부분은 역시 교통편이다.

푸켓은 태국의 다른 여행지들에 비해 신혼여행 수요가 많은데, 결혼을 준비하는 커플들이 여행 계획을 직접 세우는 것은 쉽지 않다. 해외여행 경험이 많은 사람이나, 시간이 많아 자료를 찾거나 인터넷을 검색해 가며 일정을 만들 수 있는 사람이라면 크게 문제가 되지는 않을 것이다.

하지만 결혼 준비를 하면서 여행 일정까지 짜기에는 시간도 많이 모자라고, 스트레스를 받아 가며 일정을 준비하고자 하지 않는 편이다. 신혼여행 전문 여행사의 프로그램은 신혼여행 콘셉트에 잘 맞춰져 있으며, 신혼여행을 주로 담당했던 가이드들이 관리한다. 여전히 신혼여행지로서의 푸켓은 자유 여행보다 패키지여행이 훨씬 인기가 있는데 이런 이유 때문이리라 생각된다.

경험도 없는 초보 여행 상담사가 답사를 다녀온 후 푸켓으로 여행지를 추천하는 것 또한 크게 의심할 필요가 없다. 이 점은 상담사마다 조금씩 차이가 있을 수 있겠지만, 오랫동안 여행사에서 근무하며 많은 초보 여행 상담사들의 상담을 듣고 살펴봤을 때 오히려 베테랑 상담사들보다 순수하게 상담에 임한다는 것이다. 만일 해당 여행지에 한 번도 다녀오지 않았거나 아니면 여행사에서 오랫동안 근무해 속칭 '고인물'이 된 여행 상담사들은 단순히 여행사의 업무 방침만을 토대로 상담하거나 본인의 능력을 믿고 수익을 높게 잡는 경우가 있다.

하지만 입사한 지 얼마 되지 않은 상담사가 첫 현지답사를 다녀온 후 상담에 임하게 되면, 실제로 보고 듣고 느꼈던 것을 기반으로 상담을 진행한다. 여행사에서 권장하는 수익성 좋은 리조트 상품도 물론 많이 추천하겠지만, 초보 여행 상담사들의 경우 실제 답사를 다녀온 후 자기가 가장 마음에 들었던 리조트 상품을 더 어필하곤 하는데, 이런 상품들은 대체로 여행객이 방문해도 실망하거나 불만이 생기지 않는 편이다.

입사 초기의 상담사들은 회사가 떼돈을 벌어 성장하는 것보다 자기가 현지에서 느꼈던 즐거움, 행복, 좋았던 점 등을 고객이 같이 느껴 보길 바라는 마음이 훨씬 더 크기 때문이다.

여행사에서 일하던 당시 나의 부하직원들 또한 이런 마음으로 상담에 임했다고 한다. 여행을 다녀왔던 고객들에게는 매우 좋은 평가를 받았던 반면 여행사의 건별 수익은 상대적으로 약간 감소하게 되어 여행사에서 팀장으로 일하던 당시에는 복잡한 감정을 많이 느꼈던 것 같다.

푸켓은 분명 여행사의 입장에서는 고수익을 바라볼 수 있는 꿀과 같은 지역이다. 여행사에서 주력으로 판매하는 리조트와 패키지 프로그램은 다른 여행지에 비해 큰 수익을 남길 수 있다. 게다가 대형 여행사에서 진행하는 박람회 등을 방문해보면, 푸켓 지역을 주력으로 상담하는 상담사들은 다른 여행 지역을 주력으로 상담하는 상담사들에 비해 입사 연차가 짧은 편이다. 그렇다고 해서 이러한 이유로 여행객에게 피해가 생긴다는 오해는 없었으면 좋겠다.

내가 생각하는 푸켓이라는 지역은 여행사와 여행객이 모두 'Win-Win'할 수 있는 지역이며, 여전히 태국을 대표하는 최고의 휴양지다. 실제로 여행 상담을 받을 때 푸켓이 여행객 본인들의 여행 콘셉트와 잘 맞는지 귀를 기울이며 상담을 받아야 하겠지만, 이러한 오해들 때문에 푸켓이 가진 여행지로서의 명성이 깎이지는 않기를 바란다.

## 02

# 다양한 섬 투어와 해양스포츠의 천국, 푸켓의 옵션 투어

푸켓으로 여행을 다녀온 사람 중 바다를 보지 않고 돌아온 사람이 있을까? 아름다운 에메랄드빛 바다, 멋진 자연경관, 그리고 다양한 해양스포츠를 즐길 수 있는 푸켓! 푸켓 여행을 가서 제대로 바다를 즐기지 않는 것은, 마치 팥 없는 팥빵과 같은 느낌이랄까?

푸켓은 아름다운 바다를 즐길 수 있는 다양한 섬 투어가 가능한 곳이다. 패키지여행으로 푸켓을 간다면 사실상 섬 투어는 일정에 필수로 포함되어 있다. 자유 여행으로 푸켓을 찾는다 하더라도 현지 여행사를 이용해 섬 투어를 당일 투어 형태로 즐기는 사람들 또한 많다.

푸켓을 대표하는 섬 투어는 크게 두 종류로 분류할 수 있다. 하나는 150여 개의 크고 작은 섬과 기암괴석을 관람할 수 있는 팡아 만 국립공원 투어이고 또 하나는 직접 섬으로 들어가 스노클링 및 스킨스쿠버, 다양한 해양스포츠를 즐길 수 있는 호핑 투어다.

팡아 만 국립공원은 푸켓 동쪽, 크라비 남쪽에 있는 곳으로 지각 변동으로 형성된 150여 개의 작은 섬들이 있는 거대한 국립공원이다. 프로그램에 따라 유람선을 이용해 공원을 구경할 수 있고, 롱테일 보트를 이용해 구경할 수도 있다. 바다 위 봉긋 솟아 있는 수많은 석회암 섬과 기암괴석 절벽들이 절경을 이루며 환상적인 경치를 보여준다. 롱테일 보트를 이용해 팡아 만 내 다양한 종유동굴 내부를 배를 타고 둘러볼 수도 있다.

팡아 만 국립공원 투어의 핵심은 바로 '제임스본드섬'이다. 수많은 석회암 섬 중 가장 독특하게 생긴 섬으로, 영화 〈007 황금총을 가진 사나이〉의 촬영 장소로도 유명하다. 약 20m 정도 크기, 섬의 모양이 마치 역삼각형의 옥수수 모양이어서 실제로 보았을 때 '어떻게 저렇게 생긴 섬이 바다 위에 서 있을 수 있을까?'라는 생각이 든다. 독특한 섬의 모양과 주변의 아름다운 경치, 청록빛의 바다색 때문에 기념사진을 많이 촬영하는 곳이다.

팡아 만 국립공원 투어는 팡아 만의 아름다운 자연경관을 직접 보고 느끼는 '관람형 투어'라고 할 수 있다. 실제로 패키지로 구성된 팡아 만 국립공원 투어 중 스노클링이나 스킨스쿠버를 즐기는 경우는 없다. 직접 몸을 쓰는 해양스포츠를 위해서는 다른 섬으로 이동해 투어를 즐기게 되는데, 이러한 섬 투어는 어떤 섬으로 이동하느냐에 따라 분위기가 다르다.

푸켓에서 출발하는 섬 투어 중 가장 인기가 많은 것은 '피피섬 투어'다. 피피섬은 푸켓의 동남부에 있는 섬으로, 스피드 보트로 약 1시간 정도 이동해 도착할 수 있다. 섬의 규모가 제법 큰 편인데, 섬 내에 작은 리조트들도 있을 정도의 규모로 비치 또한 여러 군데 위치해 다양한 경치를 즐길 수 있는 곳이다. 섬 내에는 많은 야생 원숭이들이 살고 있는데, 관광객들의 식사나 선글라스, 가방이나 스마트폰 등을 훔쳐가기도 하므로 주의해야 한다.

피피섬의 바다는 말할 것도 없이 아름다우며, 투명한 에메랄드빛 바다에서 즐기는 스노클링은 정말 환상적이다. 다양한 열대어들을 볼 수 있으며, 바다가 잔잔해 수영을 못 하는 사람도 어렵지 않게 스노클링을 즐길 수 있다. 또한 스킨스쿠버, 씨워킹 등 다양한 투어를 즐길 수 있는 만큼, 수영을 좋아하거나 해양스포츠를 좋아하는 사람이라면 정말 즐겁게 시간을 보낼 수 있다. 섬 자체도 매우 아름다워서 사진을 찍고 추억을 남기기에도 좋은 곳이다.

피피섬 투어와 비슷한 콘셉트를 가진 섬 투어로, 푸켓 남부에 있는 라차섬 투어가 있다. 라차섬 또한 스피드 보트로 약 1시간 정도 이동하면 만날 수 있는 섬으로, 피피섬과 마찬가지로 섬의 크기가 제법 큰 편이다. 피피섬보다 스킨스쿠버를 즐기기에 더 좋으며, 유러피언들의 스쿠버 명소로도 잘 알려져 있다. 만일 해양스포츠 중에서 스킨스쿠버에 집중하고자 한다면 피피섬보다 라차섬을 방문하는 것이 더 좋을 수도 있다.

피피섬이나 라차섬 같은 유명한 해변에서 해양스포츠를 즐길 수도 있지만 알려지지 않은 아름다운 섬에서 해양스포츠를 즐길 수도 있다. 이 경우 여행사별로 추천하거나 방문하는 섬과 해변이 다르긴 하겠지만, 전반적으로 앞서 소개한 피피나 라차에 비해 가깝고 사람이 많지 않은 편이다. 실제로 여러 섬 투어를 한 사람들의 이야기를 들어보면, 바글바글할 정도로 사람이 많은 피피섬에 비해 여행사에서 소개한 섬은 상대적으로 한산하고 여유로워 해양스포츠를 즐기기에 더 좋았다고 한다.

물론 어느 섬, 어느 해변이 더 예쁘고 아름다운지 비교하기엔 개인차가 있어 정확하게 말하기는 어렵다. 하지만 여행사에서 소개하는 섬 투어 장소 또한 해양스포츠를 즐기기에 손색없는 장소인 만큼 크게 걱정할 필요는 없다. 과거 내가 일했던 여행사에서는 바나나 비치를 품은 섬 투어를 진행한 바 있는데, 피피섬에 비해 이동시간도 절반밖에 소요되지 않았으며, 이동 시 스피드 보트가 아닌 요트를 이용할 수 있어서 좀 더 고급스러운 분위기에서 여행을 즐길 수 있었다.

패키지여행으로 푸켓을 방문한다면, 반드시 섬 투어가 프로그램에 포함되어 있을 것이다. 패키지여행에는 '옵션 투어'라는 것이 있는데, 기존 상품가와는 별개로 현지에서 금액을 지불해 투어를 추가하는 방식이다. 푸켓 패키지 프로그램에서 즐길 수 있는 옵션 투어는 다양하다. 일정 금액을 내고 기존 식사 프로그램에서 메뉴를 업그레이드하거나 마사지의 퀄리티를 높이는 등의 옵션 투어를 즐길 수 있다.

또한 섬 투어 시 기본적으로 스노클링을 무료로 진행할 수 있다. 장비를 무료로 대여해주고, 가이드가 사용법을 간단히 알려준 후, 스노클링을 즐기는 포인트 및 비치에서 자유시간을 주어 스노클링을 즐길 수 있도록 도와준다. 하지만 대부분의 패키지 속 섬 투어에는

| 푸켓섬 투어를 위해 방문한 바나나비치의 아름다운 풍경.

스노클링을 제외한 다른 해양스포츠는 모두 옵션 투어로 포함되어 있다. 대표적인 옵션 투어로는 스킨스쿠버, 씨워킹, 패러세일링 등이 있는데, 가이드가 미리 섬 투어를 들어가기 전 옵션 투어를 알려주고 어떤 투어를 추가할지 확인한다. 그 후 현지에서 가이드에게 금액을 지불하고, 섬 투어 중간에 유료로 추가한 옵션 투어를 진행하게 된다.

여행 일정표에 어떤 옵션 투어가 포함되는지 미리 기재되어 있기도 하며, 하나투어나 모두투어와 같은 대기업 여행사의 일정표에는 옵션 투어의 프로그램 종류 및 가격까지 기재되어 있어서 미리 파악할 수 있다. 하지만 작은 규모의 여행사 일정표에는 옵션 투어의 종류나 가격은 둘째치고, 옵션 투어의 유무조차 없는 경우도 있다. 이 경우 상담사를 통해 어떤 옵션 투어가 진행되며 그 가격은 어느 정도가 될지 미리 파악해두는 것이 좋다. 아무것도 모르는 상태에서 패키지여행을 떠났을 때, 갑자기 가이드가 유료 투어를 제시하면 마음 상하게 되는 상황이 발생할 수 있기 때문이다.

약 10인 정도가 한 팀으로 꾸려진 패키지 투어를 진행한다고 가정했을 때, 가이드가 옵션 투어를 제시하면 팀원 중 일부인 6~7인 정도만 옵션 투어를 원하는 경우가 있다. 나머지 팀원들은 옵션 투어에 대한 정보를 사전에 듣거나 정보를 가지고 있지 않아, 가이드가 마냥 추가료를 요구하는 사기꾼으로 인식되는 상황이 발생할 수도 있다.

가이드는 "A 고객님이 옵션 투어를 진행하니까 스노클링만 하지 말고 B 고객님도 같이 옵션 투어를 진행하세요"라고 권유할 수 있는데, 이 과정에서 강요한다는 느낌을 받은 B 고객과 가이드 사이에 불화가 생길 수 있고, 이는 다른 팀원에게 불똥이 튀어 패키지 팀 분위기 자체가 망가지는 상황이 발생할 수도 있다. 이런 경우 B 고객은 다른 고객들이 옵션 투어를 진행하는 1~2시간 동안 방치되어 스노클링만 죽어라 하는 상황도 생기는데, 이렇게 되면 괜히 심심해지고 오랜 시간 동안 가이드가 관리해주지 않는다는 느낌을 받게 되기 때문에 컴플레인이 발생하기도 한다.

패키지여행 프로그램에 들어있는 섬 투어는 무조건 옵션 투어가 있고, 투어 중간에 추가로 금액이 발생한다고 생각하는 게 마음이 편하다. 옵션 투어의 내용이 일정표에 기재되지 않은 경우, 노련한 여행 상담사라면 "푸켓 패키지여행 때 옵션 투어를 위해 추가로

20~30만 원 정도 더 챙겨 가세요"라고 미리 옵션 투어에 대해 언급하기도 한다. 상품가가 높은 패키지 프로그램에는 스킨스쿠버 체험 등 일부 옵션 투어가 상품 자체에 포함되기도 하고, 이런 경우 일정표에 정확하게 어떤 투어가 포함되어 있는지 기재되어 있으므로 일정표를 잘 살펴보는 것이 좋다.

하지만 대부분의 푸켓 패키지여행 속 섬 투어에는 옵션 투어가 발생할 수 있다는 점은 잘 알아두는 것이 좋으며, 일정표에 옵션 투어에 대한 언급이 없거나 빈약하다면 고객 측에서 먼저 여행 상담사에게 옵션 투어에 대한 정보를 물어보고 확인해두는 것이 좋다. 정말 아무것도 모르는 상태에서 패키지여행을 갔다가 현지에서 옵션 투어 이야기를 듣게 된다면 기분이 좋지 않은 상황이 발생할 수도 있음을 꼭 알아두자.

03

## 푸켓의 올드타운과 빠통, 푸켓을 대표하는 상권은 어떤 곳일까?

해외여행을 갔을 때 그 지역을 제대로 느끼고 싶다면 상권을 둘러보는 것이 좋다. 태국의 경우 여러 가지 상권 형태가 있는데, 가장 흔한 야시장부터 수상시장, 백화점과 같은 쇼핑센터, 예술과 접목된 로컬 아트 마켓 등 다양한 상권을 돌아볼 수 있다. 어떤 면에서는 한국의 상권, 시장이나 백화점과 비슷한 부분도 있지만, 전반적으로는 한국의 상권과 많은 부분이 다르기 때문에 비교해가며 즐기는 재미도 있다. 그리고 여행 중 지인들의 선물이나 소소한 기념품 등을 구매하기도 좋다. 여행지의 상권 구경은 여행객이 필수적으로 즐기는 여행의 요소가 아닐까 생각한다.

푸켓에는 다양한 상권이 존재하는데, 대표적으로 두 군데가 유명하다. 먼저 소개할 곳은 푸켓의 올드타운으로 이국적이면서도 태국의 로컬 느낌이 나는 매우 독특한 상권이다. 푸켓 남동부에 자리한 이곳은 유럽풍의 건물들이 줄지어 있는 거리가 매우 인상적인 장소이다. 중간중간 중국풍의 조명과 건축물들이 섞여 있는데, 과거 포르투갈과 중국의 영향을 받은 지역이기 때문이다. 올드타운 내에는 중국 이민자와 관련된 박물관이나 사원도 볼 수 있는데, 한국인들에게 이러한 관광 명소가 인기 있는 편은 아니다.

푸켓 올드타운은 예쁜 카페들이 많은 것으로 유명하다. 예쁜 건물들 사이사이 아기자기하고 이국적인 인테리어 카페들이 많아서 사진 찍는 것을 좋아하거나 SNS를 즐기는 사람들이 찾는 편이다. 올드타운 내에도 다양한 시장들이 있는데, 일요일에만 열리는 주말 시장은 정말 인기가 많다. 일요일 밤이 되면 주변 조명들이 아름답게 거리를 밝히고 다양한 가판들이 쇼핑하는 사람들의 눈을 즐겁게 해준다. 길거리 음식도 다양하며, 마그네틱이나 코끼리 조각상, 전통의상 등 다양한 기념품을 구매할 수 있다. 또한 개인이 직접 만든 예술 작품도 판매하고 캐리커쳐를 그려주는 곳도 있다. 신나는 버스킹 무대를 보면서, 길거리 펍에서 맥주 한잔 즐길 수 있는 매력도 가진 재밌는 장소이다.

개인적으로도 푸켓 올드타운을 방문할 계획이라면 주말 시장이 열리는 날 방문해 보기를 추천한다. 시장이 열리지 않는 날에 가더라도 예쁜 거리와 카페, 시내 구경을 하는 데는 크게 문제없다. 하지만 푸켓 올드타운의 느낌을 제대로 느끼려면 일요일에만 열리는 주말 시장을 꼭 방문해 보길 권장한다. 물론 그렇게 하기 위해서는 일정을 잘 맞춰야 하는데, 패키지여행으로 푸켓에 간다면 이 일정을 맞추기 어려울뿐만 아니라 패키지 상품에 올드타운을 방문하는 일정이 포함되지 않은 경우도 많다. 토요일~월요일에 많이 출발하는 신혼여행 상품이라면 더욱 일요일 주말 시장을 방문하는 올드타운 투어가 포함되지 않을 가능성이 높다.

패키지 일정에 일요일이 포함되어 있는데 일정표에 올드타운 투어가 없다면 가이드에게 문의해서 일요일에 예외적으로 올드타운 투어를 즐길 수 있는지 확인해보자. 일정이나 가이드에 따라 올드타운 투어가 불가능할 수 있고 가이드가 싫어할 수도 있다. 하지만 융통성 있는 가이드라면 일요일의 올드타운 투어가 얼마나 특색있는지 알 것이므로, 고객이 원하는 대로 일정을 조율해줄 수도 있다. 단, 가이드가 교통비 등의 이유로 추가료를 받을 수 있으니 이 점 참고하기 바란다.

앞에서 설명한 푸켓 올드타운은 패키지 투어로 진행할 경우 일정에 포함되어 있을 수도 있고, 포함되어 있지 않을 수도 있다. 하지만 푸켓 빠통 시내 투어는 대부분의 패키지 일정에 반드시 포함되어 있다. 빠통 시내는 올드타운과는 달리 푸켓의 대표적인 상권이라고 할 수 있다.

푸켓의 서부, 빠통 비치 주변으로 위치한 빠통 시내는 '정 실론'이라는 백화점을 중심으로 형성된 상권이다. 푸켓 올드타운에 비해 해변이 더 가깝기도 하고, 상권의 규모가 매우 큰 편이어서 주변에 다양한 리조트들이 함께 자리하고 있다. 그렇다 보니 가성비를 추구하는 자유 여행을 즐기는 사람들도 빠통 시내 주변에 숙소를 잡는 경우가 많고, 일반적인 패키지여행 상품들도 빠통 시내에서 가까운 곳에 있는 숙소가 세팅되어 있는 경우가 많다. 허니문 패키지 4박 상품의 경우 주로 전반에 투숙하는 2박은 빠통 시내에서 멀지 않은 숙소로 세팅하고, 후반에 투숙하는 2박은 고가의 럭셔리한 리조트 및 풀 빌라로 세팅한다. 먼저 2박을 투숙하며 시내도 돌아보고 투어를 즐기기 좋은 환경에 있는 빠통 시내 인근 숙소를 이용하고, 남은 2박은 고가의 리조트 및 풀 빌라에서 투숙하는 동안 푹 쉬며 휴양을 즐길 수 있는 환경을 만들기 위해서이다. 이렇듯 빠통 시내는 패키지여행에서 다양한 일정의 중심이 되는 지역이라고 볼 수 있다.

빠통 시내가 푸켓에서도 매력적인 상권이라는 점은 이견이 없을 텐데, 대표적으로 푸켓에 몇 개 없는 대형 쇼핑몰들이 모두 빠통에 있다는 점을 들 수 있다. '정 실론'은 3층 정도 높이의 아웃렛 스타일 쇼핑몰로, 푸켓 빠통에서도 오랫동안 사랑받아온 쇼핑몰이다. 맥도날드와 KFC, 스타벅스 같은 브랜드 프랜차이즈 숍들도 많이 몰려있으며, 깔끔한 환경에서 쇼핑을 즐길 수 있다는 장점이 있다.

정 실론 중심에서는 작게나마 야시장도 열리며, 밤이 되면 화려한 조명과 함께 다양한 가판대가 들어선다. 우리가 흔히 아는 태국의 야시장 같은 분위기라고 보긴 어렵지만, 세련된 느낌의 야시장에서 쇼핑하는 이색적인 즐거움을 느낄 수 있다. 다양한 식당에서 기호에 맞는 먹거리를 맛볼 수 있으며, 태국의 마트 쇼핑을 즐길 수 있는 '빅 씨 엑스트라'도 입점해 있어 마트 쇼핑을 즐길 수도 있다. 여행객들은 빅 씨 엑스트라에서 건망고와 같은 말린 열대 과일이나 태국 요리를 위한 다양한 향신료 등을 기념품으로 구매하고, 호텔에서 마실 맥주나 음료, 스낵 등을 저렴하게 구매하기도 한다.

빠통에는 정 실론과 비슷한 쇼핑몰들이 몇 군데 더 있어 쇼핑에도 적합한 장소이긴 하지만 내가 생각하는 빠통의 이미지는 역시 '술 한잔을 하기 좋은 곳'이다. 어린 자녀를 동반한 가족 여행으로는 관심이 없는 부분이겠지만, 빠통 비치와 시내 골목 사이사이에 다양한 바들이 자리하고 있어 애주가들에게 즐거운 시간을 선사해준다. 비치 근처에 있는 바에서는 석양을 바라보며 낭만적인 맥주 한잔, 파도 소리를 들으며 칵테일을 즐길 수 있다.

특히 빠통을 이야기할 때 '방라 로드'를 빼놓을 수는 없는데, 푸켓 해변에서부터 정 실론까지 이어지는 방라 로드 안쪽으로는 수많은 바가 자리하고 있다. 밤이 되면 화려한 조명이 켜지고 거리는 마치 하나의 클럽과 같은 분위기가 된다. 다양한 콘셉트의 바들이 즐비하게 있으며 호객 행위도 엄청나다. 태국이라는 지역을 처음 방문하는 사람이라면 수많은 인파와 화려한 조명, 고막을 때리는 스피커의 음악 소리 때문에 정신이 없을 것이다. 처음 푸켓의 방라 로드를 방문했을 때의 쇼킹함은 지금도 잊을 수 없다. 이 좁은 골목에 그렇게나 많은 사람들이 웃고 떠들고 즐기고 있다니, 그저 신기할 따름이었다.

방라 로드는 사람마다 즐기는 방식이 조금 다르다. 음주나 시끄러운 환경에 관심이 없는 사람들은 그래도 푸켓에 왔으니 기념사진이나 찍자는 마인드로 사진을 남긴다. 방라 로드 입구에 있는 거대한 간판은 수많은 여행객의 유명 사진 스폿이기도 하다. 술을 좋아하는 사람이라면 바에 자리를 잡고 사람 구경을 즐긴다. 만약 라이브 연주를 해주는 바라면, 라이브 음악과 함께하는 술 한잔의 매력을 느낄 수 있을 것이다. 그저 길가의 자리에 앉아서 지나가는 사람 구경만 해도 괜히 재밌다. 사람들과 어울리기 좋아하는 사람이라면 주변의 외국인들과 이야기를 나누다 새로운 친구를 만들 수도 있다. 방라 로드에서 시간을 보내는 외국인들은 대부분 열린 마음으로 글로벌 친구가 되어줄 것이다.

패키지여행으로 방라 로드를 방문했다면 가이드와 함께 재밌는 이벤트를 즐겨볼 수도 있는데, 이곳에는 다양한 게임을 즐길 수 있는 곳도 많다. 나 또한 가이드와 함께 나무에 못을 누가 먼저 박는지 내기 게임을 했는데, 별 것 아닌 단순한 게임이었지만 오랫동안 기억이 남는다. 패키지여행 중 가이드와 제법 친분이 쌓였다면 바에서 함께 술잔을 기울여 보는 것도 좋다. 태국에서의 삶부터 시작해서 이런저런 태국 여행의 팁 등 다양한 이야기를 들을 수 있을지도 모른다.

하지만 빠통 시내에 이렇게 쇼핑에 적합한 곳, 그리고 술 한잔 즐기기 좋은 곳만 있는 것은 아니다. 뒷골목 쪽으로 조금만 나가보면 낯부끄러운 바들을 어렵지 않게 볼 수 있는데, 태국이 얼마나 성에 개방적인 나라인지 단번에 알 수 있다. 거의 비키니 수영복이나 속옷만 입은 여성 점원이 손목을 잡고 바로 끌고 들어가는 과감한 호객 행위도 있고, 바에 설치된 봉에서 흐느적거리며 춤을 추는 여성 점원도 어렵지 않게 볼 수 있다. 내부가 다 보이는 오픈형 바가 아닌 경우 바 안에서 어떤 일이 일어나는지 알 수 없다. 바에서 이야기를 나눴던 여성 점원과 흥정해서 성매매로 이어지는 경우도 있다.

관대하게 본다면 '태국은 정말 성에 개방적인 나라' 혹은 '태국의 바는 신기하고 새롭다'고 생각할 수도 있다. 하지만 여성 혼자 또는 여성들끼리 온 경우, 아이와 함께 온 가족여행, 신혼여행으로 온 커

| 빠통 시내 한쪽에 위치한 방라 로드 입구, 멋진 네온사인 간판들이 거리를 밝게 비춘다.

플들의 경우 쇼킹함을 넘어 눈살을 찌푸리는 상황도 발생할 수 있다. 패키지여행의 경우에는 가이드가 빠통 시내로 들어서기에 앞서 이런 부분들을 안내해 주는 경우도 종종 있지만 설명을 듣고 가도 문화의 차이를 느끼고 충격을 받기 쉽다.

## 04
# 태국 최고의 섬 시밀란을 품은 지역, 카오락

카오락은 태국 푸켓 북부에 있는 지역으로, 2022년 기준 항공편도, 공항도 없는 지역이다. 그래서 푸켓 국제공항에서 북쪽으로 1시간 정도 차량으로 이동해야 한다. 푸켓과 마찬가지로 아름다운 자연환경과 멋진 바다, 해변을 볼 수 있는 곳이지만, 상대적으로 푸켓에 비해 잘 알려지지 않은 지역이기도 하다. 어떤 면에서는 푸켓보다 더 많은 장점이 있는 카오락. 이곳의 장점과 단점은 어떤 것인지, 그리고 패키지여행으로서의 카오락이라는 지역에 대해 간단하게 살펴보자.

태국 여행지 중 카오락으로 여행을 가는 사람들은 크게 두 가지 장점을 보고 결정하곤 한다. 첫 번째는 고급스러운 리조트에서의 편안한 휴식이다. 사실 이 장점은 푸켓의 여러 리조트에도 해당되는 이야기일 수 있다. 하지만 카오락은 리조트에서의 휴양성이 좀 더 강조되는데, 이는 지역적 특성과 함께 생각해보면 좋을 것 같다.

카오락의 서부 해변은 태국 내에서도 가장 아름다운 경치를 가진 장소 중 하나로 유명하다. 이러한 이유로 일정 수준 이상의 퀄리티를 가진 리조트들은 모두 서부 해변에 옹기종기 모여있다. 물론 일부 리조트나 호텔은 해변과 거리가 약간 떨어져 있지만 4성급 이상의 호텔 및 리조트의 80% 정도가 서부 해변에 모여있다.

카오락 내 리조트들 중 대부분은 현대적이며 모던한 인테리어가 아닌 현지 느낌을 잘 살린 태국의 전통적인 인테리어를 갖추고 있다. 카오락에서는 이러한 전통적인 형태의 리조트들이 모던한 스타일의 리조트들보다 훨씬 더 인기가 많은데, 이는 오리엔탈리즘에 대한 흥미가 있는 서양인들에게 인기가 많은 여행지이기 때문이다. 카오락이라는 여행 지역은 한국 여행 마켓에 비해 유럽 등의 서구권 국가들의 여행 마켓에 먼저 자리를 잡았고, 그 덕에 지금까지도 동양인보다 서양인 여행객들이 많이 찾는 지역이 되었다. 만일 아름다운 자연경관과 바다, 태국의 전통 양식을 가진 리조트에서 휴양을 즐기고 싶다면 카오락이라는 지역이 적합할 것이다.

또 하나의 여행 포인트는 한정적인 시기에만 방문할 수 있는 아름다운 섬, 시밀란이다. 시밀란섬은 카오락 서부에 있는 작은 섬으로, 태국에서도 손꼽히는 수준의 아름다운 바다와 자연경관을 볼 수 있는 곳이다. 에메랄드빛 환상적인 바다에서 즐기는 스노클링은 여행객들에게 큰 만족도를 선사하기도 하고, 주변의 자연이 너무 아름다워서 어떻게 사진을 찍어도 인생 사진을 남길 수 있는 보물과도 같은 곳이다. 푸켓에서도 시밀란섬 투어를 이용하는 게 가능하지만 스

| 묵다라 리조트, 카오락의 리조트는 현지의 전통적인 느낌과 태국의 자연환경을 잘 살린 곳이 많다.

피드보트로 편도 2~3시간 정도를 이동해야 하기에 다소 불편하다. 그래서 푸켓 여행객들은 시밀란섬보다는 앞에 소개했던 피피섬이나 라차섬 등의 투어를 이용하는 편이다. 카오락에서 시밀란섬까지는 스피드 보트로 편도 1시간~1시간 30분 정도면 이동할 수 있다.

시밀란섬은 태국 국가에서 지정한 국립공원으로 철저한 관리를 통해 섬의 환경을 잘 보존하고 있다. 여행객들은 섬에 입장할 때 신발을 신고 들어갈 수 없다. 아름다운 섬을 보존하기 위해 국가적으로 다양한 노력을 기울이고 있어서 시밀란섬 투어는 정해진 시기에만 할 수 있다. 건기인 4월~10월에만 입장이 가능하며, 우기인 11월~3월에는 입장 자체가 불가능하다. 그래서 카오락 여행은 건기인 4월~10월 사이에 많이 몰리게 되며, 우기 때에는 상대적으로 사람도 적고 리조트 금액도 저렴해진다. 만일 시밀란섬 투어를 포기하고 가성비로 카오락 여행을 즐길 계획이라면, 가격이 저렴해지는 우기에 여행을 떠나는 것도 하나의 방법이다.

하지만 카오락은 시밀란섬을 제외하면 내세울 만한 여행 인프라가 아직 부족하다는 단점이 있다. 메인 시내로 나가게 되면 로컬 마사지 숍들이 있지만 그 수가 많지 않으며, 메인 시내의 규모가 매우 작아 시내 구경하는 재미가 다른 태국 여행지들에 비해 많이 약한 편이다. 방니양 로컬 시장이나 타쿠파 올드타운과 같은 시내에 가게 되면 그나마 태국 소도시를 느낄 수 있는데, 만일 백화점이나 고급스러운 가게를 찾는다면 실패할 것이다. 빠통 시내 정 실론 같은 백화점도 없고, 그 흔한 프랜차이즈 레스토랑도 거의 없다. 그나마 있는 로컬 시장들은 리조트에서 멀리 떨어져 있다.

카오락에는 그 외에도 몇몇 여행 포인트들이 있지만, 푸켓 등의 다른 여행지들에 비해서는 볼거리가 많지 않다. 코끼리 트래킹이나 정글 투어, 고카트 및 슈팅 레인지 등의 여행 프로그램은 태국 내 수많은 여행지에서 즐길 수 있으며, 카오락 내에 있는 쓰나미 기념관이나 바다거북 보호센터 등은 휴양을 즐기러 온 여행객들에겐 인기가 없는 편이다.

그렇다 보니 카오락 지역을 패키지여행으로 구성할 경우 푸켓과 연계해 상품을 만드는 경우가 있다. 다수의 여행 프로그램을 푸켓에서 진행하고, 숙소만 카오락 지역의 고급 리조트를 엮는 경우가 많은데, 이는 신혼여행 상품에서 많이 사용하는 '두 지역 묶기' 방법이다. 총 4박으로 구성된 신혼여행 상품을 앞의 2박과 남은 2박으로 나누어, 먼저 2박 동안 푸켓의 저렴한 리조트에 투숙하면서 푸켓 내 다양한 여행 프로그램을 진행한다. 그리고 남은 2박 동안은 카오락에서 투숙하며 리조트 내 휴식을 취하는 휴양 프로그램으로 진행하게 된다. 시밀란섬 투어는 3일째 푸켓에서 카오락으로 이동하는 날, 푸켓에서 체크아웃한 후 카오락에서 다시 체크인하는 사이 시간을 활용해서 하게 된다.

패키지 투어로 푸켓과 카오락 연계 여행 상품을 진행하게 되면, 짧은 시간에 푸켓과 카오락의 분위기를 모두 느낄 수 있다는 장점이 있다. 카오락이라는 희소성 있는 지역을 가보는 것도 좋은 경험이 될 수 있다. 하지만 지역별 이동에서 발생하는 시간 손실이라든지, 4박 내에 이루어지는 타이트한 일정 때문에 카오락의 매력을 100% 느끼기 어렵다는 등의 단점은 아쉽다. 시밀란섬 투어를 이용할 수 없는 우기 시즌에는 패키지 가격이 좋은 편이지만, 시밀란섬 투어를 즐길 수 있는 건기 시즌에는 여행 상품가가 푸켓보다 더 높아지는 단점도 있으니 함께 알아두는 것이 좋다.

카오락은 아름답고 희소성이 있는 여행 지역임에는 틀림이 없고, 개인적으로는 푸켓과는 다른 매력을 가진 지역인 만큼 여유가 있는 사람이라면 꼭 한번 들러봤으면 하는 여행 지역이다. 카오락의 럭셔리한 리조트에서 바라보는 환상적인 오션뷰와 선셋을 보게 되면 누구나 반하게 될 것이다. 푸켓이 이미 완성된 여행지라는 느낌이 강하다면, 카오락은 아직 로컬 느낌과 휴양 여행지의 느낌이 혼재된 곳이라는 이미지가 강하다. 정말 많이 추천하는 여행지이다.

❙ 카오락의 멋진 석양, 마이카오 나타이 리조트.

하지만 우기 시즌에 즐길 수 없는 시밀란섬 투어, 다른 지역에 비해 상대적으로 부족한 여행 인프라, 푸켓에 비해 비싼 패키지 상품가 및 지역 조합 패키지가 가진 단점 등을 고려해서 여행 지역 및 일정을 준비해야 한다. 이런 단점들을 고려할 수 없다면 차라리 푸켓 한 곳만 여행하는 것이 나을 수도 있다. 여행사에서 추천하는 카오락 투어를 무조건 좋다고 결정할 게 아니라 내 여행 스타일이 어떤지를 고려하는 것이 가장 중요하다.

## 05
## 푸켓의 풀 빌라: 여행사에서 추천하는 풀 빌라에는 비밀이 있다

푸켓은 누구나 인정하는 태국 내 손꼽히는 휴양지 중 하나이다. 내 기준에서의 휴양지 3대 요소는 다양한 휴양 인프라, 아름다운 자연경관, 고급스러운 숙소이다. 푸켓은 이 세 가지 요소를 모두 갖추고 있는 지역이다. 아름다운 팡아 만의 절경과 에메랄드빛 바다, 고급스러우며 가성비 좋은 타이 마사지, 화려하면서도 즐거운 나이트 라이프 등 휴양지가 갖추어야 할 요소들을 갖춘 푸켓은 휴양을 원하는 사람들의 만족도를 높여주는 여행 지역이라고 할 수 있다.

이렇게 휴양으로 유명한 장소인 만큼, 푸켓으로 여행을 가고자 하는 사람들은 좀 더 완벽한 휴양을 위해 고급스러운 숙소를 찾는다. 물론 배낭여행이나 가성비 여행을 위해 푸켓을 찾는 사람들에게 고급 숙소는 부담스럽게 다가올 수 있을 것이다. 하지만 가성비 좋은 리조트부터 럭셔리한 호화 리조트까지 다양한 선택지를 가진 푸켓

| 아름다운 오션뷰가 일품인 카타 록스 리조트의 풀 빌라.

이다 보니 입맛에 맞게, 예산에 맞게 좋은 숙소를 고를 수 있다. 예산을 충분히 들인다면, 아침에 눈을 떴을 때 아름답고 환상적인 오션뷰의 호화 리조트, 최고급 라텍스 베드와 고가의 브랜드를 갖춘 리조트, 거대한 수영장이나 워터파크 등 다양한 부대시설을 갖춘 리조트 등을 갈 수 있다.

휴양형 리조트라고 하더라도 리조트별로 추구하는 콘셉트에는 차이가 있기 때문에 자신에게 맞는 리조트가 어디인지 잘 따져본다면 푸켓에서 좋은 리조트를 고르는 것은 그렇게 어렵지 않을 것이다. 특히 신혼여행 수요가 많은 푸켓은 신혼여행에 어울리는 럭셔리한 리조트들도 많이 있으며, 리조트 선택의 폭 또한 꽤 넓은 편이다.

푸켓 여행을 패키지로 떠날 경우 일반 여행 프로그램 속 리조트는 일정 수준 이상의 퀄리티를 보장한다. 아무리 저렴한 가성비형 상품이라고 하더라도 최소 3성급 이상의 퀄리티를 갖춘 리조트이거나, 대부분 모두 4성급 혹은 그 이상의 퀄리티를 갖춘 리조트로 세팅되어 있다. 일반 여행 패키지여행 상품 속 리조트는 보통 한 곳으로 세팅되거나 동급의 여러 리조트를 세팅한 후 그중 하나로 결정되는 경우도 있다. 예를 들어, 후자의 경우 일정표에 '그랜드 머큐어 빠통 리조트 혹은 동급 리조트(4성급)'라고 표기된 경우가 많으며, 일정표에 다른 리조트로 지정될 경우 어떤 리조트로 지정될지 리조트 이름이 쓰여 있는 경우가 많다.

하나투어나 모두투어, 롯데관광과 같은 대기업 여행사의 경우에는 대체 숙소의 정보까지 정확하게 기재되어 있는 편이며, 소규모 여행사의 경우엔 단순하게 'A 리조트 혹은 동급' 정도로만 표기하는 경우가 많다. 일반적으로 이런 숙소 정보는 일정표에 기재되어 있는 편이므로 인터넷 검색을 통해 미리 확인해도 되고 만일 대체 리조트가 기재되어 있지 않다면 문의 게시판이나 상담사를 통해 대체될 수 있는 리조트 이름을 받아서 검색 및 확인해보는 것이 좋다. 동급의 리조트라는 것은 단순히 부대시설의 규모, 객실의 퀄리티나 뷰의 정도가 비슷하다는 뜻인데, 세세하게 비교해보면 차이를 느낄 수 있는 부분들도 있다. 특히 리조트와 메인 시내인 빠통과의 거리에 의해 여행 스타일 자체가 달라질 수 있으므로 참고하기 바란다.

가장 바람직한 것은 패키지여행 상품에 리조트의 이름까지 정확하게 들어간 경우가 아닐까? 그런 경우 위의 상황처럼 리조트가 중간에 바뀌거나 하는 경우는 거의 없을 테니 말이다. 단 숙소 이름을 상품에 내건 경우라 하더라도 간혹 풀부킹 및 오버부킹, 리조트 공사 등의 이유로 해당 숙소로 상품 진행이 불가능할 수도 있다. 이 경우에는 여행사에서 고객에게 연락해 다른 숙소로 안내하기도 한다. 하지만 만일 이런 경우 숙소가 마음에 들지 않아 여행을 취소하더라도 고객에게 귀책 사유가 없으므로 금액적인 손해를 보지 않는다.

푸켓 여행을 신혼여행 패키지로 가는 경우 위에서 설명한 일반 여행 패키지 상품과는 차이가 있다. 신혼여행 패키지는 숙소의 선택이 매우 중요한데, 상품가를 결정하는 가장 큰 요인이 바로 숙소이기 때문이다. 특히 '신혼여행'이라는 타이틀로 여행을 가는 것은 일생에 딱 한 번이기에 고급스러운 숙소에 여행 비용을 투자하는데, 그중에서도 '풀 빌라' 카테고리가 가장 인기가 많다. 풀 빌라는 말 그대로 개인 풀, 수영장이 딸린 객실이다. 호텔 객실 발코니에 작은 수영장이 포함된 형태도 있고, 거대한 단독 빌라 안에 30제곱미터 정도의 면적을 가진 수영장이 있는 형태 등 다양한 모습을 갖추고 있다.

보통 신혼여행 상담을 할 때 고객들이 단순하게 '나는 푸켓 풀 빌라로 가고 싶다'라고 이야기하는데, 풀 빌라는 리조트의 카테고리가 아닌 룸의 카테고리라는 것을 모르는 경우가 제법 있다. 쉽게 말하면, A라는 리조트 안에 룸의 규모나 퀄리티에 따라 싱글룸, 디럭스룸, 프리미엄룸 등 다양한 룸 카테고리가 있는데, 풀 빌라 또한 이러한 룸 카테고리에 속한다는 이야기이다. 규모가 큰 초대형 리조트의 경우 일반적인 호텔 룸부터 풀 빌라 룸까지 다양한 카테고리의 룸과 부대시설을 갖추고 있다. 리조트의 규모가 작은 곳은 단순히 풀 빌라 룸만 10개 정도 보유, 수영장이나 피트니스 등 다른 부대시설을 전혀 갖추지 않은 리조트도 있다는 뜻이다. 여행사에서 보여주는 풀 빌라 룸 사진만 보고 여행을 떠났는데, 막상 가 보니 풀 빌라 룸만 번지르르하고 그 외 부대시설이 없거나 엉망진창인 리조트도 있으므로 주의해야 한다.

간혹 여행사에서 '푸켓 신혼여행 상품을 풀 빌라 4박 6일 프로그램으로 1인 기준 최저가 100만 원에 판매한다'고 시중 가격을 무시한 채 홍보한다면, 도착했을 때 머물게 되는 숙소는 단순히 풀 빌라만 번지르르하고 리조트 자체는 형편없을 확률이 높다. 신혼여행 패키지 상품의 경우 판매되는 시기가 성수기인지 비수기인지에 따라 상품가가 다르기는 하지만, 만일 평균적인 상품가에 비해 너무 저렴한 상품이라면, 가장 먼저 의심해야 하는 부분은 바로 리조트와 풀 빌라 부분일 것이다.

또한, 푸켓은 신혼여행 수요가 많은 여행지인 만큼 규모가 큰 여행사일수록 많은 리조트와 좋은 금액으로 계약해 고객에게 상품을 판매한다. 당연히 리조트와 좋은 금액으로 계약할수록 여행사에서는 좋은 수익을 가질 수 있으며, 이는 곧 여행 상담사들이 수익을 위해 고객에게 좋은 금액에 계약된 리조트를 판매하려는 모습으로 연결된다. 정말 좋은 금액에 계약된 리조트라면, 상담사가 수익을 적정 수준 이상으로 많이 붙여 판매하더라도 고객이 인터넷 사이트 등을 통해 직접 리조트를 검색하는 것보다 저렴할 수밖에 없다. 여행사별로 주력으로 내세우는 리조트가 다른 이유는 바로 이런 수익 구조 때문인데, 여행사별로 좋은 금액에 계약한 리조트가 다르기 때문이다. 신혼여행 여행사의 홈페이지에서 각 지역 카테고리에 들어갔을

| 푸켓 서쪽 절벽에 지어진 파레사 리조트, 파레사는 '천국'이라는 의미다.

때, 가장 앞쪽에 기재되어 있는 리조트들이 여행사에서 높은 수익을 남기기 좋은 리조트일 가능성이 높으며, 카탈로그나 상품 소개로 들어가서 보면 다른 리조트 상품들에 비해 정성스럽게 설명되어 있는 것을 볼 수 있다.

물론 해외여행 경험이 없는 사람, 혹은 고급 리조트나 풀 빌라를 이용해본 적이 없는 사람이라면 리조트와 풀 빌라가 어느 정도의 수준만 갖추고 있어도 만족하기 나름이다. 한국에서는 좀처럼 볼 수 없는 푸켓의 아름다운 자연경관을 품은 고급스러운 객실은 고객에게 충분한 만족도를 선사해 준다. 앞에서 설명한, 의심스러울 정도로 저렴한 리조트나 아쉬운 퀄리티를 가진 리조트라면 물론 이야기가 다르겠지만, 양심적인 신혼여행 상담사라면 이런 낮은 퀄리티의 리조트를 대놓고 추천하지는 않는다.

아이러니하게도 갓 현지답사를 다녀온 초보 여행 상담사일수록 더욱 양심적인 편이다. 현지답사를 진행하는 동안 보고 느꼈던 리조트 중에서 진짜 아니다 싶은 리조트는 아예 소개하지 않는다. 초보 여행 상담사일수록 컴플레인에 민감하기 때문이기도 하고, 본인 마음에 들지 않으면 고객도 마찬가지일 것이라는 마인드가 있기 때문이다. 만일 상담사가 리조트에 대한 단점을 제대로 설명해 주지 않는다면, 고객 측에서 먼저 단점을 물어보는 것도 좋은 방법이다. 대부분의 여행 상담사들은 리조트가 가진 장단점을 모두 알고 있기 때문이다. 오히려 장점이나 단점이 전혀 없다고 이야기하는 상담사가 비양심적이거나 지식이 부족한 경우가 많다.

해외여행 경험이 많고, 푸켓 신혼여행 상담을 받기 전 인터넷 검색을 하고 온 고객들은 자신이 원하는 리조트를 골라 상담하기도 한다. 여행 상담사들이 난감해하는 경우가 이런 경우인데, 만일 고객이 골라온 리조트가 여행사에서 주력으로 판매하는 리조트일 경우엔 크게 문제가 없다. 하지만 반대로 고객이 여행사와 계약이 없는 리조트 혹은 타 여행사에서 주력으로 판매하는 리조트를 골라서 가지고 오게 되면 상담사들은 어려움을 느끼게 된다. 이 경우 좋은 수익을 붙여서 파는 것이 어려울 뿐만 아니라 오히려 수익을 포기해야 하는 상황도 발생하기 때문이다.

푸켓에서 가장 유명하고 고급스러운 리조트는 트리사라, 스리 판와, 그리고 더 쇼어 앳 카타타니 등이다. 이 리조트들은 대부분의 여행사 모두 비슷한 금액으로 리조트와 계약하기 때문에 상품가의 경쟁력이 없다.

이런 리조트를 고객이 선택해올 경우 상담사들은 여행사의 좋은 상품을 판매하기 위해 골라온 리조트를 깎아내리는 상담 전략을 사용하게 된다. 단점을 가진 리조트라면 그 단점을 부각해 설명한다거나, 단점이 딱히 없는 리조트라면 가격 대비 좋은 점이 없다는 듯 이야기함으로써 해당 리조트를 '깎아내리는' 행위를 하게 된다. 이 과정에서 빈정이 상하는 상황도 발생하고, 고객은 자신이 원하는 리조트에 가기 위해 여러 여행사에서 견적을 받는 등 추가적인 노력을 들여야 하는 상황도 발생한다.

만일 이렇게 가고 싶은 리조트가 확실하다면, 여행사에 상담할 때 처음부터 정확하게 이야기하는 게 좋을 수도 있다. 어중간하게 이야기하면 여행사에서는 해당 리조트를 깎아내리기 바쁠 것이고, 이는 곧 시간 낭비로 이어질 수 있다.

상담을 시작할 때 '나는 신혼여행으로 푸켓을 생각하고 있고, A, B, C 리조트 중 하나를 가고 싶으며, 다른 리조트는 생각하고 있지 않다'는 식으로 정확히 이야기한다면, 판매할 수 있는 상담사는 매우 친절하게 설명해줄 것이며, 판매하지 못하는 여행사라면 판매할 수 없다고 이야기할 것이다. 이것이 서로 시간 낭비하지 않는 지름길이라고 생각한다.

하지만 여행지 혹은 리조트의 선택에 많은 고민이 있거나 원하는 리조트를 결정해둔 상태가 아니라면, 여행사에서 소개하는 상품에 귀를 기울여도 좋다. 신혼여행 여행사에서 주력으로 판매하는 리조트라도 좋은 퀄리티를 가진 곳이 많으며, 위에서 설명한 대로 장단점 등을 잘 물어보며 리조트를 고른다면 후회가 없는 신혼 여행 숙소 선정이 되지 않을까 생각한다. 다녀온 고객의 후기를 읽어보는 것도 좋다. 여행사에서 제공하는 카탈로그는 많은 보정이 들어간 사진이지만, 고객의 후기 속 사진은 대부분 보정 없는 사진인 경우가 많은 만큼 다른 고객의 후기 속 사진을 잘 살펴보는 것도 하나의 방법이다.

# Chapter 2
# 크라비

01

# 태국의 숨은 보석, 크라비

우리나라에도 바다와 해변을 가진 다양한 여행지들이 많다. 강릉과 속초, 삼척 등과 같은 동해안의 명소들, 아름다운 남해를 품은 통영과 여수, 부산은 너무나 유명한 여행지이다. 이러한 도시들에는 다양한 관광 명소들이 존재하며, 그 도시들이 가지고 있는 수많은 볼거리와 먹거리를 만날 수 있다. 이렇듯 좁은 땅에도 다양한 관광 명소가 존재하는데, 태국이라고 다르겠는가. 태국에도 우리가 모르는 숨겨진 관광 명소가 많이 있는데, 매번 태국 해외여행 상담을 할 때면 고객들이 골라온 휴양지로 푸켓이나 파타야 같은 널리 알려진 지역만 골라 상담하게 되는 것 같아 안타깝다. 의외로 이색적이면서 잘 알려지지 않은 보석과 같은 여행지가 많은 편인데 말이다.

이번에 소개하는 크라비라는 지역은 개인적으로 태국의 많은 여행지 중에서 가장 좋아하는 곳이다. TV 프로그램 등의 매체에서도

❙ 크라비의 아름다운 바다를 경치 삼아 마시는 땡모반(수박 주스).

소개된 적이 많지 않은데, 과거 예능프로그램 〈먹고 자고 먹고〉에서 가볍게 소개되었던 게 기억에 남는다. 신비하면서도 널리 알려지지 않은 숨겨진 명소, 크라비는 어떤 곳일까?

크라비는 태국의 남부 서쪽, 푸켓 동쪽에 있는 지역이다. 2022년 기준으로 직항 항공편이 존재하지 않으며, 방콕 공항에서 크라비행 국내선 항공편으로 갈아타고 가야 하는 곳이다. 푸켓 국제공항에서 차량으로 이동하는 방법도 있지만, 크라비 중심가 아오낭 시내까지는 도로 사정이 좋아도 편도 약 2시간 30분, 만약 도로 교통 사정이 좋지 않을 경우 편도 약 4시간까지 걸린다. 그나마 푸켓 국제공항에 들어오는 대부분의 한국 국적기는 밤 비행기로 도착하기 때문에 공항에서 아오낭 시내까지 도로 사정이 괜찮은 편이지만, 6시간

30분 정도의 비행시간을 견디며 푸켓에 도착하자마자 곧바로 차량으로 2~3시간 이동해야 한다면 결코 이동이 호락호락하다고 볼 수 없다. 크라비 여행 일정 중 남쪽에 있는 란타섬까지 갈 생각이라면 오랜 시간을 차에서 보낼 각오는 하고 오는 것이 좋다.

그래서 크라비 여행은 방콕을 경유하여 이동할 것을 추천한다. 태국 국적기인 타이항공을 이용한 경유편을 이용하면 수화물을 한국에서 크라비까지 한 번에 부칠 수 있는 쓰루 보딩(Through Boarding)을 이용할 수 있고, 방콕 공항의 국내선 경유 방식이나 절차도 복잡하지 않기 때문이다. 항공권을 발권할 때 전 구간 타이항공을 이용, 경유 대기시간을 2~3시간 정도로 잡고 발권하게 되며, 한 항공사로 모든 구간을 발권하는 방식이기 때문에 항공료도 부담스럽지 않다.

만일 한국의 국적기인 대한항공이나 아시아나항공, 저가 항공이나 타이항공이 아닌 다른 항공사를 이용할 경우 한국에서 방콕까지의 항공권과 방콕에서 크라비까지의 항공권을 따로 발권해야 하는데, 이 경우 수화물을 크라비까지 보내는 쓰루 보딩이 안 되고 따로 티켓팅하는 만큼 가격 또한 비싸지기 때문에 그다지 추천하지 않는다. 타이항공 홈페이지나 인터넷의 수많은 사이트를 이용해 어렵지 않게 크라비행 경유편 발권이 가능하지만, 만일 어렵다면 여행사를 이용해 항공권 발권을 진행할 수도 있다. 이 경우 항공료 외에 약간의 수수료가 발생할 수 있다는 점도 참고하자.

자유 여행 혹은 신혼여행 패키지 상품으로 크라비를 여행할 때 경유 및 직항 항공편의 선택은 고객의 몫이 될 수 있겠지만, 일반 패키지여행의 크라비 상품은 위에서 설명한 것과 달리 푸켓 직항편을 이용하는 경우가 많다. 밤 비행기로 도착하는 푸켓행 국적기의 특성을 고려해 푸켓에 도착하자마자 먼저 1박을 적당한 리조트에서 숙박하도록 하고 이틀째에 크라비로 이동하는 방식의 패키지 상품이 많다. 푸켓 패키지 일정과는 달리 일정 중간에 이동에서 생기는 피로를 풀 수 있도록 대부분의 크라비 패키지 일정은 반자유 느낌으로 맞춰져 있다. 빡빡하지 않은 일정이라는 장점은 있지만, 중간중간 비는 시간의 식사나 스케줄 등이 불포함인 경우가 많으므로 일정표를 잘 확인해서 어떤 부분이 포함되고, 어떤 부분이 포함되어 있지 않은지 확인해볼 필요가 있다.

애당초 크라비의 패키지여행 상품이나 신혼여행 상품을 찾는 것은 생각보다 어려운 편이다. 잘 알려지지 않은 여행 지역이라는 점은 그만큼 사람들이 많이 찾지 않는, 수요가 적은 여행 지역이라는 의미이기도 하다. 크라비 패키지여행 상품을 판매할 수 있는 곳은 큰 규모의 여행사라고 볼 수 있으며, 규모가 작은 여행사에서는 크라비라는 지역의 여행 상품 자체를 세팅하지 않은 곳도 제법 많다. 큰 규모의 여행사라고 하더라도 여행 상품을 상담해주는 상담사에 따라 이 지역의 상품을 일부러 팔지 않는 경우도 있다. 크라비라는 지역에 대해 잘 모르거나 상품성이 떨어진다고 판단하기 때문에 패키지 상품을 추천하지 않는 것이다.

태국의 푸켓이나 파타야와 같은 유명 휴양지들을 두고 왜 하필 크라비인지 묻는다면 크게 세 가지 이유를 들 수 있다. 첫 번째는 '희소성'이다. 카오락을 비롯해 후아힌, 코창, 코사멧 등과 마찬가지로 우리나라 사람들은 이 지역에 대해 잘 모른다. 일반적으로 푸켓 여행을 다녀온 지인에게는 "어때, 푸켓 재밌었어?"라고 묻지만, 크라비 여행을 다녀온 지인에게는 "어? 처음 듣는 지역인데, 크라비는 어디야?"라는 질문을 하게 된다. 크라비의 경우 한국을 비롯한 동양 여행 마켓에 많이 소개되지 않았고, 유럽과 서양 여행 마켓에 먼저 알려진 여행 지역이다. 나는 2019년 말 크라비로 여행을 다녀왔는데, 당시에도 넓은 아오낭 시내에서 한국인을 비롯한 동양인은 거의 볼 수 없었고, 대부분이 서양 외국인이었다. 한국인이나 중국인이 바글바글한 여행지가 싫다면 크라비 여행을 고려해봐도 좋다.

두 번째는 크라비에서만 즐길 수 있는 다양한 섬 투어와 액티비티 때문이다. 아직 널리 알려지지 않은 여행지이다 보니, 태국의 다른 관광지에 비해 상대적으로 때 묻지 않은 아름다운 자연환경을 가지고 있고, 이를 활용한 다양한 여행 프로그램을 즐길 수 있다. 특히 몸 쓰는 액티비티를 좋아하는 사람이라면 즐길 만한 요소가 정말 많다. 정글 속 아름다운 에메랄드 풀과 대자연이 만들어낸 핫 스트림 온천 계곡처럼 독특한 경치를 볼 수 있고, 롱테일 보트와 락 클라이밍을 즐길 수 있는 프로그램도 있다. 푸켓에서의 섬 투어와는 또 다른 경치를 보여주는데, 수영을 좋아하거나 사진 촬영을 좋아하는 사람들에게 인기가 있다.

세 번째는 일부 사람들은 공감하기 어려운, 어쩌면 굉장히 개인적인 이유일지도 모르겠다. 바로 크라비에서만 느낄 수 있는 감성과 여유로움이다. 푸켓의 빠통이나 파타야의 워킹 스트리트, 방콕의 카오산 로드처럼 복잡하고 시끌벅적한 느낌은 거의 없는 아오낭 시내. 아름다운 비치에서 생각을 비우고 석양을 바라보며 즐기는 맥주 한잔, 라이브 바에서 울려 퍼지는 통기타 소리, 특별한 일정 없이 리조트에서 하염없이 휴식하다 보면 '아, 이러한 여유로움이 크라비의 매력이구나' 하고 생각하게 된다.

크라비의 패키지여행 일정표를 살펴보면 다른 여행지의 패키지여행 프로그램보다 상대적으로 여유롭게 세팅되어 있는 편이다. 크라비 패키지여행 프로그램은 대부분의 투어 일정이 일찍 마무리되며, 저녁 시간에는 대체로 일정이 빠져 있다. 패키지 일정을 짜는 여행사들 또한 이러한 크라비에서의 매력적인 여유로움을 고객들이 제대로 느꼈으면 하는 바람으로 저녁 시간을 최대한 비우는 것이다.

푸켓의 꽉 찬 일정의 패키지여행을 즐겨본 사람이 크라비 패키지여행을 가면 너무 시간이 남는 것 같고 가이드가 끝까지 케어하지 않고 고객을 너무 풀어준다는 느낌을 받을 수도 있다. 하지만 이는 컴플레인 요소가 아닌 지역이 가진 매력의 차이가 패키지 프로그램에 영향을 주기 때문이라고 생각하는 게 좋다. 물론 이러한 내용을 패키지 상품을 판매하기 전 여행 상담사가 제대로 설명하고 어필하는 것이 더욱 중요하겠지만 말이다.

크라비 여행이 다른 지역보다 아쉬운 점은 크게 두 가지다. 하나는 교통편의 불편함이고, 또 하나는 수요가 많은 지역이 아니다 보니 여행 상품가가 다른 태국 관광지에 비해 조금 더 비싸다는 점이다. 자유 여행으로 간다고 해도 푸켓이나 파타야 자유 여행에 들어가는 예산보다 좀 더 비용을 투자해야만 한다. 하지만 이러한 단점들을 고려하더라도 크라비 여행은 정말 매력적이다. 특히 태국의 유명한 여행지들을 이미 여행해봤다면 좀 더 다른 모습의 태국을 느끼

| 크라비 아오낭 해변의 선셋.

기 위해 크라비를 찾는 것도 좋고, 휴양에 큰 목적을 두거나 이색적인 액티비티를 즐기기 위해서도 좋다. 아직 한국인들이 많이 선호하지 않는, 사람들이 잘 모르는 여행지라는 점은 틀림없지만, 그래도 이색적인 태국 여행을 원한다면 크라비로 여행을 떠나보는 건 어떨까? 분명 태국에서의 새로운 경험을 할 수 있는 시간이 될 것이라고 확신한다.

02

# 화려함보단 아기자기함, 아오낭 비치와 시내

푸켓 여행을 하는 상당수의 여행객이 빠통 시내를 방문하는 것처럼 크라비를 찾는 관광객들은 아오낭 비치를 꼭 한 번 방문하게 된다. 크라비 내에도 크고 작은 상권이 있는 시내가 있지만, 유명하면서 그나마 가장 규모가 큰 상권을 가진 시내가 바로 아오낭 시내이기 때문이다.

크라비는 푸켓과 달리 내륙 지역이기 때문에, 크라비 주에 포함되는 지역이 매우 넓게 퍼져 있다. 아오낭 시내는 지도상으로는 크라비 주의 중앙에 자리하고 있으며, 엄밀히 말하면 크라비의 서쪽 해변을 끼고 아오낭 시내가 있다. 아오낭 비치 뒤편이 모두 아오낭 시내라고 할 수 있는데 비치가 서쪽을 바라보고 있어서 석양이 질 때 정말 아름다운 경치를 볼 수 있다. 아름다운 비치를 가진 작은 시내, 마치 푸켓의 빠통과 비슷한 느낌이다.

하지만 그 속을 들여다보면 푸켓의 빠통과는 많은 부분에서 다르다. 일단 푸켓의 정 실론과 같은 대형 쇼핑몰이 없다. 아웃렛이나 빅씨 같은 마트에 가려면 시내를 벗어나 내륙 안쪽으로 이동해야 한다. 그마저도 규모가 큰 편이 아니기에, 크라비에서의 마트나 백화점 쇼핑은 크게 기대하지 않는 게 좋다. 그나마 아오낭 시내에는 편의점이나 슈퍼마켓이 있어 가볍게 리조트에서 먹을 간식 등을 구매할 수 있다. 테스코에서 운영하는 로터스 슈퍼마켓은 현지인들을 비롯해 여행객들에게 인기 있는 곳이다.

아오낭 시내는 대형 쇼핑몰이 없는 대신 가볼 만한 야시장이 몇 군데 자리하고 있다. 구글 지도에 아오낭 야시장(Ao Nang Night Market)을 검색하면 나오는 이 시장은 시내와 아오낭 비치에서 멀지 않아 시내 쪽 리조트에서 투숙한다면 걸어서도 갈 수 있다. 이 야시장은 규모가 매우 작고 아기자기한데, 가판의 수는 많지 않아도 있을 만한 것들은 다 있어서 구경하며 길거리 음식도 먹고 기념품을 구매할 수도 있다. 내가 갔을 때는 사람이 많지 않아서 오히려 눈치가 보이긴 했지만 아기자기한 느낌의 소규모 야시장을 돌아볼 수 있다는 점은 나쁘지 않았다.

좀 더 규모가 크고 제대로 된 야시장을 돌아보고 싶다면 아오낭 비치에서 약간 떨어진 '아오낭 랜드마크 야시장'을 가보자. 아오낭 시내와 바로 인접한 것은 아니지만, 아오낭 비치에서 차량이나 바이크로 약 5분이면 갈 수 있는 거리이다. 앞에서 소개했던 아오낭 야시장보다 규모도 훨씬 크고, 음식과 물건들을 판매하는 부스 또한 많다.

Ⅰ아오낭 랜드마크 야시장, 현대적인 이미지를 갖춘 신생 야시장이다.

야시장에 도착하면 커다란 용 모양의 조각상이 시장의 입구에 서 있는데, 여기서 삼삼오오 모여 기념사진을 찍곤 한다. 용 모양 조각상 뒤쪽으로 다양한 종류의 식당들과 음식을 먹을 수 있는 자리들이 있는데, 준성수기였음에도 불구하고 꽉 차서 비어 있는 자리를 찾는 게 어려웠다. 음식이나 판매하는 물품의 가격도 저렴하고, 볼거리도 많으며, 사람도 많아서 생동감 넘치는 야시장을 체험할 수 있었다. 만일 크라비 내 여러 곳의 야시장을 돌아볼 여유가 없다면, 아오낭 랜드마크 야시장만큼은 꼭 한 번 들러보기를 바란다.

앞에서 소개한 푸켓의 빠통 시내, 그리고 파타야의 워킹 스트리트처럼 시끌벅적하고, 어쩌면 퇴폐적인 느낌도 드는 거리와 장소들은 아오낭 시내에서 찾기 어렵다. 물론 그런 퇴폐적인 느낌이 나는 장소나 바가 아오낭 시내에 전혀 없다고 할 수는 없지만, 내가 여행을 갔던 2019년에는 매우 후미진 골목의 일부 가게들을 제외한다면 사실상 없는 것과 마찬가지였다. 이후 세계적인 COVID-19 팬데믹 영향 때문에 그러한 상권은 더욱 줄어들었으리라 예상된다. 남자들끼리 크라비로 여행을 오게 되면, 푸켓이나 파타야와는 상대적으로 다른 분위기에 적잖이 실망하는 사람들도 제법 있으리라 생각한다.

크라비 패키지 상품, 혹은 신혼여행 상품의 경우 대부분의 저녁 시간은 자유 일정으로 되어 있는 경우가 많다. 가이드나 다른 여행 팀들과 함께 팀 단위로 식사를 즐기는 방식의 패키지 일정보다 멋진 아오낭의 낭만을 고객 스스로 느껴볼 수 있게 하기 위해서라고 생각하면 좋다.

해외여행이 처음이거나, 낯선 지역에 가이드 없이 가는 것을 어려워하는 사람들도 분명히 있을 것이다. 하지만 크라비라는 지역 특성상 해외여행 혹은 태국 여행을 해본 적이 없는 사람이 많이 오는 지역도 아닐뿐더러, 설령 그렇다고 해도 아오낭 시내 규모가 크지 않고 여행객 또한 정말 많은 지역이기 때문에 자유롭게 시내를 돌아볼 수 있다. 치안도 꽤 좋은 편이기 때문에 개인적으로도 크라비까지 여행을 왔다면 아오낭 시내는 자유롭고 여유롭게 둘러보고 시사를 즐겨보길 권장한다. 그 정도로 아오낭 시내가 주는 낭만은 큰 가치를 가지고 있다.

만일 그래도 염려스럽고, 도저히 어떤 식당에 가는 것이 좋을지 모르겠다면 가이드에게 미리 맛집 정도를 물어보는 것도 좋지 않을까? 크라비 지역의 가이드들이라면 나쁜 감정 없이 직접 검증한 좋은 식당과 바를 알려줄 것이다. 애당초 크라비 지역의 패키지 프로그램이 패키지여행객 전용 식당이나 바와 연계해 일정이 만들어지는 방식이 아닌 만큼, 믿을 수 있는 장소들을 알려줄 것이다. 이런 점이 푸켓이나 파타야 같은 사람들이 많이 찾는 메이저 여행지가 아닌, 사람들이 잘 모르는 희소성 있는 여행지를 가는 또 하나의 장점이 아닐까?

## 03
## 팡아 만의 아름다움을 즐길 수 있는 곳, 크라비섬 투어

액티비티를 좋아하는 여행객에게 크라비는 말 그대로 천국과 같은 곳이다. 푸켓 등 태국의 여러 여행지에서 즐길 수 있는 기본적인 액티비티는 물론, 크라비에서만 즐길 수 있는 이색적인 투어가 많아서 액티비티 경험이 많은 여행객들에게도 신선한 느낌을 줄 수 있다.

특히 해양스포츠를 좋아하는 여행객이라면 정말 즐거운 고민을 하게 될 것이다. 크라비에서 즐길 수 있는 호핑 투어의 종류가 매우 다양하기 때문이다. 푸켓 여행에서 즐길 수 있는 피피섬 투어는 크라비에서도 그다지 멀지 않기 때문에 투어 진행이 가능하다. 피피섬이 아니더라도 이런 종류의 섬 호핑 투어는 정말 다양하게 준비되어 있다. 아름다운 비치와 바다를 즐길 수 있는 포인트들, 그중에서도 프라낭 비치, 텁섬, 포다섬, 치킨섬을 하루 만에 모두 둘러볼 수 있는

4섬 투어는 크라비의 대표 호핑 투어라고 할 수 있다. 그리고 섬 투어를 해가 지는 시간에 즐길 수 있는 7섬 투어도 있는데, 4섬 투어에서 즐기는 섬과 포인트들을 짧게 돌아보고 아름다운 석양과 화려한 불 쇼 등을 관람할 수 있는 이색적인 투어다. 이런 섬 투어에는 당연히 스노클링과 같은 해양스포츠가 기본으로 포함되며, 유료 옵션을 통해 스쿠버 등의 이색적인 해양스포츠도 즐길 수 있다.

크라비에서의 액티비티는 단순히 해양스포츠에만 국한되어 있는 것은 아니다. 크라비의 아름다운 자연을 볼 수 있는 정글 투어나 절경이 일품인 해양 동굴 투어 등 이색적인 투어도 있다. 한국에서는 볼 수 없는 독특한 에메랄드빛 호수와 온천 계곡으로 이루어진 정글에서 투어를 즐길 수도 있고, 맹그로브에서 즐기는 카야킹도 매우 이색적인 경험을 선사할 것이다. 또한 카납 남 동굴에서 롱테일 보트를 탈 수도 있는데, 5만 년 전 크로마뇽인들이 만든 동굴 속 벽화를 보면서 아름다운 경치와 독특한 자연경관을 온몸으로 느낄 수 있다. 호랑이 동굴 사원으로 알려진 '왓 탐수아'의 거대한 불상과 높은 고지대에서 바라보는 아름다운 경치 또한 일품이지만, 1,000여 개의 계단을 올라야 하는 만큼 체력이 필요하다.

위에서 열거한 투어들 외에도 슈팅 레인지, 고카트 등 크라비에서 즐길 수 있는 액티비티는 정말 많고 다양하다. 그리고 자유 여행이나 패키지 투어 모두 마찬가지겠지만, 장기 투숙하며 크라비에서 여행을 하는 방식이 아니라면 이 투어들을 모두 즐기는 것은 사실상 불가능하다. 섬 투어나 해양스포츠의 경우 하루에 두 종류 이상의 투어를 즐기는 것은 시간적으로나 체력적으로 불가능하며, 여유로운 콘셉트가 적합한 크라비 여행에서 특정 투어나 액티비티에 얽매이다 크라비만의 분위기를 제대로 즐기지 못하는 아쉬운 상황이 발생할 수도 있다. 그렇다면 호핑 투어 중에서 어떤 투어를 고르는 것이 좋을까? 개인적으로 추천하는 '홍섬 투어'에 대해 간단히 이야기해볼까 한다.

일단 먼저 알아야 할 것은 크라비 여행을 패키지로 이용하거나 혹은 자유 여행으로 여행을 즐기거나 섬 투어 혹은 호핑 투어를 진행할 때는 결국 여행사의 도움을 받아야 한다는 점이다. 자유 여행에서 직접 배를 끌고 가서 섬 투어를 즐기는 것은 불가능하다. 그렇다보니 자유 여행이라고 해도 결국 현지의 여행사를 통하거나 미리 국내에서 유료 데이 투어를 신청해야 한다.

크라비의 호핑 투어는 다른 지역과는 달리 독특한 특징을 갖고 있다. 어떤 형태로 호핑 투어를 즐기더라도 한국인 가이드가 같이 투어에 참여하는 경우는 사실상 거의 없다는 점이다. 설령 국내 여행사를 통해 패키지로 크라비 투어를 갔다고 하더라도, 실제 프로그램상의 호핑 투어를 진행하게 되면 한국인 가이드는 투어가 시작되는 선착장까지 데려다주는 역할만 하게 되며, 간단한 주의 사항 정도만 짚어주게 될 것이다.

크라비에서의 호핑 투어는 한국인 여행객들만이 아닌 외국인 여행객들까지 모두 조인 형태로 진행하게 되는데, 만일 푸켓 등의 지역에서 패키지로 호핑 투어를 진행해본 사람들이라면 이러한 다국적 투어 형태를 매우 어색하게 느낄 수 있다. 푸켓과 같은 인기 여행지 패키지 프로그램의 경우, 호핑 투어를 나가더라도 패키지를 함께 즐기는 같은 한국인들과 진행하게 되며 그 프로그램에는 투어를 진행했던 가이드가 동행하는 경우가 많기 때문이다. 크라비의 경우 상대적으로 푸켓 등의 인기 여행지 만큼 여행객이 많지 않기도 하고, 다양한 섬 투어를 가진 지역적 특성 때문에 한국인 가이드가 한국인 여행객들만 모아서 프로그램을 진행하는 방식은 현시점에선 거의 없는 상황이다.

이러한 이유로 홍섬 투어 또한 현지인 가이드 및 다양한 외국인 여행객들과 함께 프로그램을 진행하게 된다. 앞에서 설명한 대로 픽업 가이드가 호텔에서 선착장까지 데려다 주면, 선착장의 현지인 호핑 투어 가이드에게 여행객을 인계하게 된다. 선착장에 도착하자마자 신상정보를 작성하고 여행 보험에 가입하는 절차를 진행하는데, 여행 보험료의 경우 패키지 프로그램 혹은 데이 투어 요금에 포함되기도 하니 참고해두자. 아무래도 섬으로 배를 타고 나가는 투어인 만큼 위험한 상황에 대비하여 기본적인 절차를 먼저 진행하고 투어를 시작하게 된다.

홍섬 투어는 스피드 보트를 타고 진행하게 되는데 홍섬을 포함한 총 3개의 섬 포인트로 이동한다. 투어 당일 날씨와 여러 상황에 따라 포인트의 순서는 바뀔 수 있지만 보통 가장 하이라이트인 홍섬은 마지막에 도착하는 경우가 많다. 스피드 보트의 경우 낡거나 오래되었다는 느낌은 없지만, 보트의 특성상 통통 튀는 선박 환경 때문에 멀미에 시달릴 수도 있다. 보트 내에는 간단하게 마실 수 있는 물과 음료가 준비되어 있으며, 무료로 대여할 수 있는 스노클링 장비도 있다. 각 포인트별로 이동하는 시간이 약 30~40분 정도 되므로 스피

홍섬 투어는 스피드 보트를 이용해 진행하며, 총 1시간 30분~2시간 정도를 탑승하게 된다.

드 보트에서 보내는 시간은 약 1시간 30분~2시간 정도로 생각하면 된다.

홍섬 투어는 크라비의 다른 섬 투어와 비교했을 때 독특한 점이 있다. 바로 멋진 라군과 아름다운 자연환경이다. 다른 섬 투어들이 아름다운 자연환경을 갖지 못했다는 것은 아니지만 홍섬 투어에서만 볼 수 있는 기암절벽과 독특한 바다색은 매우 신비롭다. 베트남 하롱베이가 생각나는 기암괴석과 절벽 바위들이 장관이며 카메라를 들고 대충 찍어도 멋진 화보처럼 사진이 나온다. 포인트 중 한 곳인 라오라딩섬의 경우 아기자기하고 작은 해변 사이로 보이는 멋진 바위 절벽이 환상적이며 특히 핵심이 되는 홍섬은 비치 양쪽으로 뻗은

| 다른 곳에서는 보기 어려운 청록빛 바다를 볼 수 있는 홍섬.

기암괴석 절벽들 사이로 보이는 청록빛 바다가 여행객들의 시선을 사로잡는다. 맑고 예쁜 에메랄드빛 바다는 몇 번 본 적이 있지만, 이런 맑은 청록빛 그러데이션 바다는 태국에서도 보기 어려운 바다여서 홍섬은 정말 희소성 있는 환경을 가진 섬이라는 생각이 들었다. 투어 마지막에는 배를 타고 홍섬 주변을 둘러보며 섬의 아름다움을 보여주는데, 마치 바다가 아닌 이국적인 느낌의 호수와도 같다는 느낌을 많이 받았던 것 같다.

또 하나의 독특한 점은 다른 섬 투어나 호핑 투어들보다 쉽게 수영할 수 있는 환경을 갖추고 있다는 점이다. 이 부분은 날씨에 따라 다를 수 있지만, 날씨가 좋다는 가정하에 홍섬 투어 때 방문하게 되는 모든 포인트의 물살이 약하고 깊이가 얕아서 수영 초보들도 어

| 크라비에서의 섬 투어 중 먹는 식사의 퀄리티는 크게 기대하지 않는 것이 좋다.

렵지 않게 스노클링을 즐길 수 있다. 가까운 해변 앞바다에서도 충분히 예쁜 물고기들을 볼 수 있다. 나 또한 수영을 못하기 때문에 발 닿지 않는 곳에서는 절대 수영을 하지 않는데, 이런 내가 어렵지 않게 스노클링을 즐길 수 있는 환경을 가진 곳이었다는 점에서 정말 인상적인 장소였다.

역으로 생각하면 홍섬 투어의 단점은 수영 전문가들이 즐길 만한 다이나믹한 해양스포츠 포인트는 아니라는 점이다. 깊은 바다에서 스킨스쿠버나 씨워킹을 즐기기에는 적합하지 않다. 게다가 대부분의 호핑 투어가 그렇겠지만, 홍섬 투어 프로그램에 포함되어 있는 식사가 매우 부실한 점 또한 단점이라고 생각한다. 현지 태국식을 베이스로 한 메뉴이지만, 배를 채우기 위한 목적이 아닌 뭔가 대단한 식사를 기대했다면 크게 실망할 수 있다.

개인적으로 가장 마음에 들었던 홍섬 투어를 예를 들어 이야기를 풀었지만, 사실상 크라비의 핵심 액티비티들은 어떤 것을 선택하더라도 다른 태국의 이색적인 액티비티들과는 또 다른 신선한 느낌을 받게 될 것이다. 크라비는 태국의 다른 여행지들에 비해 상대적으로 희소성이 있는 지역인 만큼, 크라비에서 즐기는 액티비티들 또한 다른 지역에서는 즐기기 어려운 투어들이 많다. 크라비는 여유로운 콘셉트가 잘 어울리지만, 이왕 크라비까지 왔다면 그곳에서만 즐길 수 있는 독특한 투어들을 즐겨보는 것도 좋지 않을까 생각한다. 자주 올 수 있는 지역이 아닌 만큼 성향에 잘 맞는 투어를 골라 좋은 추억을 만들어보자.

04

# 란타섬 리조트, 휴양의 끝판왕

과거 웨딩박람회 행사에 참가했을 때의 이야기이다. 일반적으로 웨딩박람회에는 컨설팅, 혼수, 예물, 예단 등의 다양한 업체가 참가한다. 신혼여행 여행사에 근무했던 나는 웨딩박람회에 참가해 다양한 신혼여행 상품을 판매한 적이 있다. 박람회에서 여행 상품을 계약하게 되면 다양한 사은품이나 일정에 추가적인 혜택 등을 받을 수 있기 때문에 많은 예비 신랑, 신부가 상담을 받고 계약을 한다.

웨딩박람회에 참가했던 어느 날, 한 커플이 나에게 신혼여행 상담을 하게 되었다. 그들은 우리 여행사의 홈페이지에서 다양한 여행 정보를 미리 훑어보고 온 상태였으며, 두 사람이 어떤 곳을 신혼여행지로 선택할지 이미 상의하고 왔기 때문에 여행 상담이 매우 수월했다. 그들이 선택한 여행지는 크라비였는데, 이유를 물으니 태국 여행은 하고 싶은데 희소성이 있는 지역을 가고 싶어서 크라비를 선택했다고 했다. 나는 너무 반가워서 크라비에 대한 장점과 함께 태국에 대한 이런저런 이야기를 해주었는데, 실제로 여행사에 입사한 이래 크라비라는 지역을 고객이 먼저 선택한 경우는 처음이었다.

일정 및 상품에 대한 설명 등을 마친 후 숙소만 고르면 견적이 완성되는 상황이었는데, 고객 측에서는 너무나 고맙게도 숙소까지 이미 정했다고 이야기하였다. '아, 이번 상담은 정말 수월하게 진행되는구나!' 하고 생각하던 찰나, 그들의 입에서 나온 숙소의 이름은 바로 '피말라이 리조트'였다. 여행사 홈페이지에 있는 리조트 소개 사진을 보고 피말라이 리조트를 선택했다고 하는데 아차 싶었다. 피말라이 리조트는 정말 뛰어난 퀄리티의 럭셔리 리조트로 아름다운 오션뷰와 넓은 개인 풀을 가진 풀 빌라를 보유하고 있어서 신혼여행에 적합한 리조트였지만, 딱 한 가지, 바로 리조트가 란타섬에 있다는 점이 마음에 걸렸다.

란타섬은 크라비의 아오낭 시내에서 약 85km, 차량으로 약 1시간 30분 정도 이동하면 도착할 수 있다. 차량을 이용해 걸리는 이동시간은 교통 상황에 따라 다른 편이며, 교통 문제로 인해 란타섬으로 가는 선착장에서 아오낭 시내까지 차량으로 총 3시간 이상 걸렸던 경우도 있다. 거리로만 따진다면 서울에서 평택, 천안 정도의 거리라고 볼 수 있지만, 태국의 도로는 한국의 고속도로만큼 빠른 속도를 낼 수 없기 때문에 예상했던 것보다 더 많은 시간이 소요될 수 있다.

만일 타이항공을 이용한 항공편 경유를 통해서가 아닌, 대한항공과 같은 국적기 등을 이용해 푸켓 공항으로 도착한 후 차량으로 크라비까지 이동했다고 가정해보자. 크라비 신혼여행 패키지여행 상품은 기본적으로 4~5박으로 구성되어 있으며 그중 앞의 2~3박은 아오낭 시내에서 가까운 곳에 있는 4성급의 적당한 리조트에 묵게 된다. 그리고 푸켓에 도착해 차량으로 2~3시간 정도를 달려 아오낭 시내의 리조트로 들어가서 2~3박 동안 다양한 액티비티 프로그램 등으로 시간을 보낸다. 조금 피곤하긴 해도 여기까지는 크게 문제가 되지 않는다.

아오낭 리조트에서의 일정이 끝나게 되면 남은 2박의 휴양을 위해 란타섬의 리조트와 풀 빌라로 이동하게 되는데 란타섬으로 들어갈 때의 교통편 시간까지도 억지로 참아 가며 이동한다면 큰 문제가 되지 않는다. 새롭고 더욱 멋진 리조트로 가서 휴양을 즐기게 될 것이라는 기대감과 설렘 덕분에 또 차량으로 2시간 정도 달리더라도 참을 수 있는 수준이다. 가장 큰 문제는 란타섬 리조트에서의 일정을 마치고 돌아갈 때다. 이때는 란타섬에서 출발해 약간의 일정을 진행하며 푸켓 국제공항에 도착해야 한다. 란타섬에서 푸켓 공항까지는 약 225km, 차량으로 이동하는 시간은 약 4시간 혹은 그 이상 소요되는데, 이쯤 되면 길에서 버리는 시간이 너무 많아지게 된다.

란타섬으로 들어가는 교통편에서도 시간 손해가 발생할 수 있다. 이곳은 육지와 연결되어 있지 않은 곳인 만큼 차량이 아닌 배를 이용해야만 한다. 피말라이 리조트의 경우 란타섬 건너편에 있는 선착장에서 리조트까지 바로 이동할 수 있는 리조트 전용 스피드 보트를 이용할 수 있는데 30분 정도만 이동하면 리조트 안까지 들어갈 수 있다. 하지만 전용 스피드 보트를 갖추지 않은 리조트라면 도착까지 시간이 걸린다.

I 리조트에서 자체적으로 운영하는 스피드 보트를 이용해 입장이 가능한 피말라이 리조트.

패키지를 이용하는 경우 선착장에서 탑승한 가이드의 패키지 전용 차량과 함께 배에 실어서 란타섬 선착장에 도착한 후 다시 차량으로 리조트까지 이동해야 하기 때문이다. 작은 섬이 아니므로 어떤 리조트에 투숙하느냐에 따라 차량 이동시간이 조금씩 차이가 날 수 있다. 또한 란타섬으로 들어가는 배를 기다리는 차량이 얼마나 많은가에 따라 대기도 발생하는 등 이동하는 데 걸리는 시간이 제법 길 수 있다는 점을 감안해야 한다.

아쉽지만 위에서 설명한 문제점 외에 또 한 가지 문제가 있다. 바로 란타섬 안에는 규모가 큰 상권이 존재하지 않는다는 점이다. 패키지로 크라비와 란타섬 리조트를 조합한 상품을 선택하는 경우, 란타섬에서는 100% 자유 일정을 즐기며 리조트에서 휴식할 수 있도록 일정이 짜여 있다. 신혼여행을 떠난 커플 혹은 패키지로 여행하는 팀들의 성향에 따라 자유 일정 프로그램은 개인차가 있다. 물론 일정표에 쓰여있는 대로, 혹은 가이드가 이야기해준 대로 란타섬의 고급 리조트에서 푹 쉬면서 부대시설을 이용하는 사람들도 있다.

하지만 짧은 일정으로 해외여행을 즐기는 패키지 고객의 경우, 자주 올 수 없는 태국의 특수 지역에 큰돈을 들여 여행을 온 만큼 자유 시간에는 주변 지역도 돌아보고, 패키지 프로그램을 진행하는 동안 제대로 즐기지 못했던 시내 구경이나 쇼핑을 원하는 사람들도 꽤 많다. 하지만 란타섬의 시내 혹은 상권은 여행객들이 생각하는 것과 많이 다르기에 적잖이 당황하는 경우가 많다.

란타섬 내에 야시장이나 이런저런 가게들이 없는 것도 아니지만 그 규모가 너무 작고 볼품없어서 실망하기 쉽다. 백화점과 같은 쇼핑센터는 물론이고, 우리가 흔히 아는 패스트푸드 프랜차이즈 식당도 거의 없어서, 쇼핑을 즐기기에 적합한 환경이라고 할 수 없다. 크라비의 메인 상권인 아오낭 비치에도 대형 쇼핑센터가 없는데, 하물며 란타섬에 이러한 상권이 있을까?

물론 란타섬 내에도 주말 시장이나 야시장이 존재하고, 올드타운 등에서 볼거리가 전혀 없는 것은 아니다. 하지만 여행사에서 판매하는 초호화 리조트와의 거리가 멀기 때문에 걸어서 가는 것은 사실상 불가능하다. 란타섬의 크기가 꽤 큰 편인 데다 섬 특성상 도로에서 빠르게 주행하는 것조차 불가능해 거리에 비해 이동시간이 많이 걸린다.

예를 들어, 앞에서 언급한 피말라이 리조트에서 란타 올드타운 스트리트 마켓까지는 약 15km 정도 떨어져 있는데, 걸어서 가는 것은 불가능한 거리로, 택시를 타더라도 편도 약 30분 정도가 소요된다. 그리고 택시의 경우, 란타섬에서의 택시 비용은 내륙 지방의 택시 비용보다 비싸게 흥정하는 경우가 많은 만큼 교통 비용이 좀 더 든다는 단점마저 생겨버린다. 그렇게 금전과 시간을 들여 올드타운까지 가서 시내 구경을 즐기게 되더라도 크라비의 아오낭 시내보다 작고 아담한 규모 때문에 실망하는 사람들도 제법 있었다.

단점이 많은 란타섬 리조트로 여행을 가는 것은 정말 메리트가 없는 것일까? 란타섬의 리조트들은 대부분 해변에 인접하며, 산을 끼고 있어서 환상적인 뷰를 볼 수 있는 곳이 많다. 고지대에서 바라보는 오션 절벽 전망은 정말 환상적인데, 아침에 눈을 뜨자마자 이런 절경을 보며 커피 한잔 마신다면 말 그대로 천국이 따로 없다.

호화 리조트들의 경우 리조트 간의 거리가 많이 떨어져 있어 북적이지 않고 독립적인 장소에 왔다는 느낌을 받을 수 있으며, 아름답고 프라이빗한 비치에서 조용히 휴식을 취할 수 있다는 점은 정말 매력적이다. 이국적인 느낌을 주는 자연환경과 리조트 객실이 잘 어우러져 진짜 태국 속에서 휴양을 즐긴다는 게 실감난다. 가이드들이 리조트에서 푹 쉬면서 란타섬의 정취를 즐기라는 말을 많이 하는데, 그것은 이 섬이 주는 아름다움과 자연스러운 태국의 느낌을 많이 받고 가라는 의미이기도 하다.

이곳은 아름다운 경치를 볼 수 있는 식당도 많고 리조트 내 비치뿐만 아니라 어느 로컬 비치를 가도 아름다운 자연경관과 에메랄드

| 란타섬 내에 있는 라위 와린 리조트, 이런 아름다운 경치 속에서 호캉스를 즐길 생각을 한다면 긴 이동시간을 고려하더라도 방문할 만하다.

빛 바다를 만날 수 있다. 날씨에 따라 다르긴 하겠지만, 대체적으로 파도가 강한 편이 아니어서 물놀이를 즐기기에도 좋다. 아오낭 시내에서 차량으로 출발해서 배를 갈아타고 란타섬의 호화 리조트에 도착하면 이동하면서 생겼던 피로와 지루함을 한번에 날려버릴 듯한 리조트의 풍경과 아름다운 바다가 반겨줄 것이다. 호화 리조트인 만큼 리조트 직원들의 서비스는 말할 것도 없다.

당시 웨딩박람회에서 크라비 여행을 알아보던 커플은 결국 란타섬의 피말라이 리조트로 계약했다. 타이항공 경유편을 이용했으며, 전반 일정인 아오낭에서 시내도 둘러보고 액티비티도 즐기며 시간을 보낸 후, 후반 일정인 란타섬 리조트에서 푹 쉬다 올 생각이었기에 란타섬의 리조트를 포함한 일정 또한 고객의 성향과 잘 맞았다. 여행을 다녀와서도 고마웠다고 따로 연락이 올 정도였으니, 분명히 괜찮은 여행이었을 거라고 생각한다.

크라비와 란타섬 모두 매력적인 곳임은 틀림없지만 각 지역이 가진 특징 및 장단점을 파악한 후 여행한다면 더 즐거운 여행이 될 수 있지 않을까 생각해본다. 여행사의 상담사라면 당연히 지역이 갖고 있는 특징을 고객에게 제대로 설명해야 할 것이고, 고객의 경우 무조건 상담사 말만 들을 것이 아니라 자신의 여행 스타일이 어떤지를 잘 고려해 지역을 결정해야 할 것이다. 그렇지 않다면 란타섬의 여행이 즐겁기는커녕 길에서 시간을 많이 허비하는 지루한 여행이 되어버릴 수도 있으니까 말이다.

# Chapter 3
# 코사무이

01

# 신혼여행지로 유명한 섬, 코사무이

나는 2020년 COVID-19로 인해 여행업계가 많이 어려워질 때까지 신혼여행 전문 여행사에서 일했다. 약 6년 정도 근무하면서 많은 예비 신랑, 신부들과 상담도 진행하고 신혼여행 상품을 상당수 팔아왔다. 다수의 웨딩박람회에 참가해본 경험도 있고, 실제로 웨딩 컨설팅 업체 사무실 내에 입점해 일했던 경험도 있다.

길다면 길고, 짧다면 짧은 경력일 수 있지만, 신혼여행 업계에서 일했던 경험이 지금의 나에게 큰 재산이 된 것은 몇 번을 생각해도 뿌듯한 일이다.

오랫동안 신혼여행 상담을 진행하다 보면 고객들이 선호하거나, 많이 가는 신혼여행지를 어렵지 않게 파악할 수 있다. 최고급 풀 빌라에서 휴식하면서 다양한 액티비티를 즐길 수 있는 발리, 다양한 여행 인프라를 갖춤과 동시에 최고의 쇼핑 메카이기도 한 하와이,

태국의 대표 휴양지 푸켓……. 이들 지역은 어렵지 않게 신혼여행 정보를 얻을 수 있다. 요즘은 시간적으로나 경제적으로 여유가 있는 사람들도 많아져 이색 지역으로 알려진 멕시코의 칸쿤, 서유럽과 동유럽, 아프리카의 보석 모리셔스, 럭셔리함의 대명사 두바이 등으로 신혼여행을 가는 사람들도 많다.

하지만 시간을 내기 어렵거나 큰 예산을 들이기 어려운 경우 대부분 동남아시아의 신혼여행지를 선택한다. 장거리 지역들보다 예산도 더 적게 들고 비행시간도 편도 10시간 미만이어서 부담스럽지 않고, 항공료도 저렴하다. 뭐니 뭐니 해도 동남아시아 휴양지의 아름다운 자연경관과 바다를 경험하며, 호화롭고 고급스러운 리조트와 풀빌라를 경제적으로 체험해볼 수 있다는 장점이 있는 것이다.

이는 비단 우리나라 사람들뿐만 아니라 유러피언, 서양인들에게도 통용되는 이야기이다. 한국에서는 동남아시아가 상대적으로 다른 여행지에 비해 가까워서 '시간을 내면 언제라도 갈 수 있는 지역'이라는 이미지가 강하지만, 유럽이나 미국, 캐나다 등의 서구권에서는 먼 거리로 인해 자주 갈 수 없는 지역인 만큼 더욱 많이 호감을 주는 것 같다.

신혼여행 전문 여행사에서 일할 때, 동남아시아 신혼여행지 중 가장 인기가 많은 세 곳을 '동남아 3대장'이라고 했다. 바로 인도네시아 발리, 태국 푸켓과 코사무이다. 예능프로그램 〈뻥뻥 지구오락실〉에서도 코사무이가 소개된 적이 있는데, '신혼여행의 성지'라는 표현을 사용하기도 했다. 신혼여행 상품 중 가장 많이 판매되며, 가장 만족도가 좋은 동남아시아의 신혼여행지, 코사무이에 대해 간단히 이야기해볼까 한다.

코사무이는 태국 동부에 있는 작은 섬이다. 태국어로 '코'는 섬, '사무이'는 깨끗하다는 의미로 말 그대로 '깨끗한 섬'이라는 뜻이다. 그만큼 때 묻지 않은 아름다운 자연환경과 바다를 가진 천혜의 보물과 같은 섬이다. 코사무이 내 대부분의 호화 리조트들은 이러한 자연환경을 품고 있어서 너무 저렴하고 낮은 등급의 리조트를 가는 게 아니라면 어느 리조트를 가더라도 코사무이의 아름다움을 접할 수 있을 것이다.

한국의 거제도 정도의 크기로 섬이 크지는 않지만 거의 모든 도로가 왕복 2차선으로 이루어져 있어 섬 내 이동시간은 태국의 내륙이나 다른 여행지들에 비해 더 걸리는 편이다. 그래서 리조트를 어디로 정하는가에 따라 시내와 리조트 간의 이동시간이 많이 늘어나는 단점이 있지만, 신혼여행 패키지 프로그램의 특성을 잘 이용하면 크게 문제가 되지 않는다.

일정 전반부에 다양한 액티비티와 같은 투어들을 진행하게 되는데, 이때 코사무이 시내와 야시장을 즐길 수 있다. 전반부에 투어와 시내 투어 등을 진행했다면, 후반부는 시내와는 조금 거리가 떨어진 리조트와 풀 빌라에서 묵으며 휴양을 즐기는 경우가 많다. 어떻게 보면 이 또한 갖춰진 틀 안에서 여행이 진행되는 게 아닌가, 생각할 수도 있겠지만 코사무이 신혼여행 패키지는 다른 신혼여행 지역들보다 일정 조율이 상대적으로 용이한 편이다.

일률적인 일정으로 코사무이 신혼여행 프로그램을 진행하는 신혼여행사는 사실상 거의 없다. 코사무이가 가진 아름다움을 완벽하

코사무이를 한눈에 담을 수 있는 멋진 클럽에서 즐기는 음료 한잔.

게 느끼기 위해서, 그리고 너무 바쁘지 않은 여유로운 신혼여행을 위해서 여행사에서는 '선택형 일정'을 판매하고 있다. 원하는 일정을 골라서 즐길 수 있으며, 어느 정도 시간 조정도 가능하다는 장점이 있다.

이는 여러 사람들이 모여 하나의 팀을 꾸려 여행을 진행하는 일반 패키지여행과는 확실히 다르다. 대다수의 신혼여행 전문 여행사는 코사무이의 일정을 선택형 일정으로 준비해 일정에 대한 개인의 취향을 맞출 수 있도록 준비하고 있으며, 한 가이드가 2인 혹은 4인 정도의 소수 인원을 관리하기 때문에 일정 내 시간 조율을 하기에도 상대적으로 용이하다.

코사무이에는 유명 브랜드 리조트들이 많이 있어서 신혼여행으로 안성맞춤이다. 잘 알려지지 않은 태국 내 현지 브랜드 중에도 물론 럭셔리한 리조트는 분명히 존재하지만, 코사무이에는 우리에게 친숙한 콘래드, 포시즌, 반얀트리, W 등 초호화 브랜드 리조트들이 많이 있다. 이런 브랜드 리조트들은 당연히 일반적인 리조트들에 비해 더 많은 예산을 요구하지만, 비싼 값어치는 확실하게 해주기 때문에 투숙한 고객들의 만족도가 매우 높은 편이다.

일생에 단 한 번뿐인 신혼여행임을 생각한다면, 이런 럭셔리 리조트에서 높은 품질의 서비스를 받으면서 완벽한 휴양을 즐기는 것도 좋은 선택이 되리라 생각한다. 거꾸로 생각한다면, 코사무이와 같은 작은 섬에 이렇게 수많은 브랜드 리조트가 들어와 있다는 것은 그만큼 코사무이가 현재 태국에서 가장 인기가 많고 핫한 여행지라는 의미일 것이다.

신혼여행으로서의 코사무이는 동남아시아의 많은 신혼여행지 중에서 가히 완벽함을 자랑하지만, 한 가지 큰 단점도 존재한다. 코사무이 여행의 결정적인 단점임과 동시에 패키지여행 상품가를 높이는 요인은 바로 항공편이다. 2022년 기준 코사무이로 가는 직항 항공은 아직 없다. 특별한 계기가 아니라면 직항 항공편이 생길 가능성이 없으며, 만약 정말 운이 좋아서 직항편이 생긴다고 해도 코사무이에 대한 우리나라 사람들의 수요가 많지 않기 때문에 매일 비행기가 뜨는 '데일리 항공편'이 생길 가능성은 거의 없다. 직항편이 생겨도 주 1~3회 운행으로 생긴다면 비행기가 뜨는 날짜에 맞춰 여행 스케줄을 만들어야 하는데, 날짜의 제약이 있을 수 있는 신혼여행에는 맞추기 어렵다.

| 코사무이 공항의 규모는 작지만, 마치 리조트처럼 아기자기하고 예뻐서 긴 비행 시간 동안 쌓인 스트레스를 풀어주는 것 같다.

어쨌든 현시점에서 코사무이를 방문하기 위해서는 반드시 경유 항공편을 이용해야만 한다. 경유가 어려운 것은 아니지만 한 번도 경험해보지 않은 사람이라면 분명 거부감이 들 수 있다. 말도 잘 통하지 않는 해외에 처음 가서, 한글 하나 없는 공항에서 비행기를 갈아타는 것 자체를 두려워하는 사람도 있을 것이다. 여행 경험이 많은 사람이라도 직항편이 없어 강제로 경유편을 이용하는 것은 분명 불편하고 성가신 일이다. 여기에 항공 대기시간까지 더해질 수도 있다. 시간도 오래 걸리고, 불편함과 귀찮음을 이겨내고 코사무이에 도착하면, 그나마 코사무이 국내선 공항이 아기자기하고 예쁘기에 힘들었던 몸과 마음이 조금은 편안해진다는 것이 장점이라면 장

점이다.

어떤 이들은 '경유편을 이용하면 항공료가 저렴해지지 않느냐'고 하는데, 그 이야기는 코사무이행 항공편에는 해당하지 않는다. 방콕 공항과 코사무이 공항을 이어주는 항공편은 현재 타이항공과 방콕 항공 두 회사뿐이다. 두 회사가 마치 독점 판매하듯 항공편을 판매하기 때문에 어지간한 직항편보다 항공료가 더 비싸다. 방콕에서 코사무이까지의 국내선 왕복 항공료가 서울에서 제주도까지 이동하는 왕복 항공료의 두 배 이상 비싸다면 믿을 수 있겠는가? 그나마 타이 항공 코드 셰어로 구매하면 조금 저렴하지만, 타이항공과 방콕항공을 개별 발권하게 되면 금액이 제법 비싸다.

코사무이 거주자들은 항공료를 할인받을 수 있는 다양한 방법이 있다고 알려져 있으나 일반 여행객들은 비싼 항공료를 내고 탑승할 수밖에 없다. 태국의 항공사가 아닌 싱가폴항공 등의 외항사를 이용한 경유편으로 간다면 조금 더 항공료가 저렴해질 수도 있으나, 그만큼 항공 시간이 늘어나거나 강제로 경유지에서 체류해야 하는 상황도 발생할 수 있다. 결국 코사무이로 향하는 항공편의 경우 반드시 경유를 해야 하는 만큼 본인의 여행 날짜와 스케줄을 잘 고려해야만 하며, 항공 요금이 비쌀 수 있다는 점 또한 감안해야 한다. 그렇다고 신혼여행인데 항공료 좀 아끼겠다고 내륙으로 도착해 수 시간을 차량, 배를 이용해 코사무이로 가는 것은 정말 비효율적이어서 진심으로 말리고 싶다.

코사무이는 이제 태국 내에서도 '희소성을 가진 지역', '많이 찾지 않는 여행지', '특수지역'이라는 꼬리표를 떼고 푸켓, 파타야와 함께 태국을 대표하는 여행지가 되었다. 아직 한국인들에게는 많이 알려지지 않았지만, 최근 가장 핫한 신혼여행지라는 점은 여행업계의 누구라도 인정할 것이다.

다른 태국 여행지보다 예산이 좀 더 들어가고 항공편 또한 경유편을 이용해야만 한다는 단점은 분명 존재하지만, 이런 단점이 있음에도 많은 여행객이 찾는 만족도 높은 여행지인 코사무이는 이미 태국 여행을 여러 차례 다녀온 여행 고수들뿐만 아니라 태국 여행을 처음으로 가는 사람들에게까지 즐겁고 오래 기억에 남는 최고의 휴양지가 되어 줄 것이다.

## 02

# 정글 투어, 태국의 진짜 자연을 즐기다!

태국의 휴양지로 여행을 떠났을 때, 가장 먼저 떠올리는 이미지는 바로 '아름다운 바다'와 '고급스러운 리조트' 등이다. 에메랄드빛 바다에서 스노클링과 스킨스쿠버 등의 해양스포츠를 즐길 수도 있고, 멋진 오션뷰의 호화 리조트에서 고급스러운 호캉스를 즐길 수도 있다. 또한 태국 여행이라면 당연히 타이 마사지를 빼놓을 수 없다. 밤이 되면 야시장에서 쇼핑도 하고 길거리 노점상에서 맛있는 현지 음식을 먹어보는 것도 즐거운 경험이 될 것이다.

하지만 의외로 놓치기 쉬운 부분이 바로 내륙 쪽에서 즐기는 액티비티다. 코사무이의 경우 아무래도 해양스포츠보다는 내륙에서 즐기는 액티비티들이 상대적으로 인기가 없는 편인데, 그중 한국 내에서도 즐길 수 있는 내륙 액티비티들은 여행객들이 외면한다. 예를 들어 고카트, 슈팅 레인지 등과 같은 액티비티도 태국 현지에서 즐기면 색다른 경험이 되겠지만, 국내에서도 어렵지 않게 즐길 수 있는 만큼 태국에서까지 즐기는 여행객은 사실상 많지 않다.

그러므로 가능하다면 내륙 액티비티 중에서도 국내에서 즐기는 것이 불가능한 투어를 선택하는 게 좋다. 대표적으로 태국의 아름다운 자연과 함께할 수 있는 정글 트레킹 투어가 있다. 보통 '정글 투어' 혹은 '사파리 투어'라고 불리는데, 이런 종류의 투어들은 코사무이뿐만 아니라 태국 내 다양한 지역에서 즐길 수 있다. 푸켓의 '하누만 월드'나 치앙마이의 '도이 인타논 공원', 칸차나부리의 '에라완 국립공원' 등에서 즐길 수 있는 정글 트레킹은 태국의 아름답고 신비로운 자연을 온몸으로 느낄 수 있다.

코사무이에서도 이런 정글 트레킹을 즐길 수 있는 장소가 몇 군데 있지만, 개인적으로 가장 추천하는 장소는 바로 코사무이 중남부에 있는 '나무앙 사파리 파크'다. 이곳은 메인 시내인 차웽 비치에서 차량으로 약 40분 정도 이동하면 도착할 수 있다. 이름에서도 느낄 수 있나시피 단순히 정글 트레킹만 즐기는 것이 아닌 태국을 대표하는 동물들을 볼 수 있는 장소이기도 하다. 코사무이 내에서 정글 사파리, 트레킹 투어를 즐길 수 있는 장소 중 가장 큰 규모를 자랑하는데, 그만큼 볼거리와 체험할 만한 프로그램이 많은 장소라고 생각하면 된다. 국내 마켓에 많이 알려진 장소는 아닌 만큼 한국인 관광객은 사실상 거의 없으며, 트래킹을 즐기는 여행객의 대부분은 서양인들이다.

이곳에 도착하면 제일 먼저 공원 내에서 즐기게 될 프로그램을 결정하는데, 여행사 패키지 프로그램으로 왔다면 주어진 시간과 고객

| 정글 투어 중 만날 수 있는 코사무이의 자연경관은 꽤 인상적이다.

의 성향에 맞는 프로그램으로 골라줄 것이다. 만일 자유 여행으로 왔거나 가이드의 추천이 마음에 들지 않을 경우, 사파리 파크 내 프로그램을 자유롭게 선택할 수 있는데, 어떤 프로그램을 고르는가에 따라 금액이 달라질 수 있으므로 참고하자.

'익스트림 패키지'와 '릴랙스 패키지'로 나눠서 고를 수 있는데, 익스트림 패키지 내에는 ATV 마운틴 바이크 투어나 카야킹 등 직접 몸을 써서 정글을 즐길 수 있는 프로그램이 준비되어 있다. 릴랙스 패키지에는 코끼리 트레킹을 비롯해 다양한 동물 쇼 관람 등 실제로 몸을 쓰지 않는 프로그램들이 주를 이룬다. 물론 이런 프로그램들을 기호에 맞게 섞을 수도 있으므로 어떤 프로그램을 즐길지 잘 생각해서 결정하면 된다.

| 나무앙 사파리 파크에서는 코끼리 트레킹을 즐기거나 코끼리 쇼를 관람할 수 있다.

동물들과 함께하는 프로그램으로는 코끼리를 탑승해볼 수 있는 코끼리 트레킹, 코끼리들의 재주를 볼 수 있는 코끼리 쇼, 원숭이들의 재롱을 볼 수 있는 원숭이 쇼 등이 있다. 코끼리 트레킹의 경우 약 30분 정도 코끼리에 탑승하는데, 살짝 불편하긴 하지만 신기한 탑승감을 느껴볼 수 있으며 코끼리에게 먹이를 주거나 함께 사진을 찍을 수도 있다.

코끼리 쇼는 코끼리들이 축구도 하고, 훌라후프도 돌리고, 춤도 추며, 관람객을 불러내 코끼리 타이 마사지를 하기도 한다. 관람객과 함께 체험할 수 있는 다양한 프로그램이 준비되어 있는데, 한국에서는 해볼 수 없는 이색적인 추억을 남길 수 있다는 장점이 있다. 물론 어떤 이들은 이러한 모든 행위가 동물 학대라고 생각할 수 있다. 태국 사람들은 코끼리와 함께하는 순간을 모두 소중히 여기며 가족처럼 생각한다고 하니 동물 학대에 대한 부분은 사람마다 받아들이기 나름일 것 같다. 개인적으로는 한국에서 경험하기 어려운 체험이니, 딱 한 번 정도는 동물과 함께하는 프로그램을 진행해보는 것도 나쁘지 않다고 생각한다. 여행에서의 모든 경험은 좋든 싫든 분명히 남는 추억이 되기 때문이다.

아름다운 나무앙 사파리 파크의 정글을 온몸으로 직접 즐기기 위해서는 ATV나 카야킹 등의 익스트림 패키지 프로그램을 선택하는 것이 가장 좋다. 정글을 빠르게 헤치며 오프로드를 달리는 ATV는 운전대를 잡고 달리는 것만으로도 가슴이 뻥 뚫리는 경험을 하게 된다. 또한 이국적인 정글 속 강을 카약을 타고 돌아보는 것도 참 좋다. 물론 ATV나 카야킹과 같은 익스트림 패키지 프로그램은 상대적으로 릴랙스 패키지 프로그램보다 가격이 좀 더 비싸지만, 충분히 그 값어치는 하는 투어인 만큼 여유가 있다면 즐겨보길 권장한다.

익스트림 패키지 프로그램을 진행하지 않더라도 나무앙 사파리 파크의 정글을 즐기는 방법이 없는 것은 아니다. 나무앙 사파리 파크에는 오프로드를 이용한 폭포 투어가 있는데, 오프로드 차량에 탑승해서 산 입구까지 이동해 폭포까지 등산하는 프로그램이다. 말 그대로 두 다리를 이용해 정글 트레킹을 즐기는 것인데, 개인적으로는 생각했던 것보다 등산로가 험난하지 않아서 가볍게 돌아보기 좋았다.

폭포의 규모는 크지 않지만 폭포에서 수영도 할 수 있고, 폭포를 오르다 볼 수 있는 아름다운 정글과 코사무이의 경치는 정말 환상적이다. 숲속에서 독특한 색을 내뿜으며 빛나는 폭포는 국내 어디에서도 볼 수 없는 풍경으로 산행으로 폭포까지 올라온 충분한 보람이 있는 순간이다. 수영복을 챙겼다면 폭포에 몸을 담그고 수영을 즐겨보는 것도 좋다.

사파리 정글 트레킹을 즐기다 보면 많은 체력을 소모하게 되는 만큼 투어 후 녹초가 될 수 있다. 하지만 한국에서는 경험할 수 없는 아름다운 태국의 자연경관을 직접 체험할 수 있다는 점과 태국을 대표하는 동물들을 직관할 수 있는 다양한 프로그램들은 분명히 좋은 추억으로 남게 될 것이다. 코사무이에서 해양스포츠를 즐기거나 리조트에서 호캉스를 하는 것도 좋지만 이런 이색적인 정글 트레킹 투어를 즐겨보면 어떨까? 자주 할 수 없는 해외여행인 만큼 일반적이지 않은 이색적인 태국을 체험해보는 것은 긍정적인 경험이 될 것이다.

03

# 섬도 작고 시내도 아기자기한 곳, 차웽과 라마이

여행의 즐거움 중 하나는 그 지역의 시내와 상권을 돌아보는 것이다. 현지 사람들은 어디서 어떤 방식으로 삶을 살고 있는지, 그들의 시장에서는 어떤 것을 팔고 있는지, 그 지역의 음식은 어떤 것들이 있는지, 어떤 음식이 맛있는지 등을 알아보는 것은 즐거운 일이다. 우리와 다른 환경에 사는 사람들의 모습 속에서 공부가 되는 부분도 있고, 어떤 면에선 공감되는 부분도 있을 것이며, 다른 점을 발견하고 이해하며 호기심을 채워 가는 것은 소중한 경험이라고 생각한다.

하지만 한정적인 시간을 가진 여행객들이 동네 골목 구석구석까지 다 찾아서 방문해보는 것은 사실상 불가능하다. 그래서 대표적인 시내와 상권을 둘러보게 되는데 푸켓의 빠통, 크라비의 아오낭과 같은 곳이 그 지역을 대표하는 시내라고 할 수 있다.

여행사에서 지역에 대한 상담을 받을 때 여행객이 상담사에게 "코사무이에서 쇼핑을 할 만한 장소가 있을까요?", "맛집들이 많은 장소가 있을까요?" 등의 질문을 한다면 보통 두 군데의 지역을 언급해줄 것이다. 하나는 코사무이 공항에서 멀지 않은 곳에 있는 차웽 시내, 또 하나는 구시가지인 라마이 시내이다.

그중 라마이 쪽은 시내라고 하기엔 규모가 작은 편이어서 차웽에 비해 찾는 사람이 적은 편이다. 라마이 비치를 따라 작은 펍이나 식당들이 조금 있지만, 생각보다 가게들이 많은 편은 아니어서 큰 기대를 하고 간다면 그만큼 실망할 수 있다. 작은 야시장도 하나 있는데 시장의 규모가 작고 판매하는 상품도 적어 다른 지역 야시장들을 본 적이 있는 사람이라면 실망할 수 있다.

코사무이에서 가장 유명한 시내와 상권은 어디일까? 푸켓에 빠통이 있다면, 코사무이에는 바로 차웽이 있다. 차웽 비치 뒤쪽에 있는 메인 시내는 코사무이 내에서도 가장 규모가 크며, 코사무이 공항에서도 약 5km 정도 거리밖에 되지 않는다. 차웽 시내 근처에는 수많은 리조트와 호텔들이 있는데, 가성비를 추구하는 경우가 많다. 아주 고급스럽고 비싼 초호화 브랜드 리조트를 고를 생각이 아니라면 차웽 시내 근처의 4~5성급 고품격 리조트라는 선택지도 있다는 것이다.

푸켓의 랜드마크가 정 실론이라면, 차웽의 랜드마크는 센트럴 페스티벌이다. 차웽 시내 중심에 있는 백화점으로, 사실상 차웽 내 유일한 대형 쇼핑몰이라고 해도 과언은 아니다. 정 실론은 확실히 백화점이라는 느낌이었지만, 나에게 있어 센트럴 페스티벌은 백화점보다는 프리미엄 아웃렛과 같은 이미지가 강했다.

다양한 브랜드가 입점해 있어 쇼핑을 즐기기에도 좋고, 식당가도 제법 큰 편이라 기호에 맞는 메뉴를 골라 먹을 수도 있다. 나는 과거 이곳에 방문했을 때 처음으로 'MK 수끼 레스토랑'이라는 곳에서 저녁 식사를 했는데, MK 수끼 레스토랑은 태국 내에 수많은 체인점을 보유한 태국식 샤부샤부 브랜드다. 다수의 태국 여행 패키지에 이 브랜드의 식당에서 식사하는 것이 기본으로 포함되어 있을 정도로 유명한 곳인데, 가격이 그다지 비싸지 않으며 한국인들의 입맛에도 잘 맞는 편이라 접근성이 매우 좋다.

차웽 시내에는 노천 상점들이 많아 가볍게 쇼핑하며 기념품 등을 구매할 수 있고, 저녁 시간에는 나이트 마켓이 열리므로 군것질하기에도 정말 좋다. 좁은 공간 안에 많은 가게와 식당들이 있는데, 작은 골목으로 들어서면 다수의 노상 테이블이 중앙에 있고, 테이블 주위로 노점들이 한눈에 들어온다. 테이블에 자리를 잡고 원하는 노점에 가서 메뉴를 주문하면 된다. 주로 태국식과 씨푸드 요리가 많으며, 음료와 맥주 등 주류를 판매하는 곳도 있으므로 기호에 맞게 주문하면 가격도 일반 식당들보다 저렴한 만큼 가성비 좋은 한 끼를 해결할 수 있다.

센트럴 페스티벌 외에 또 다른 차웽의 랜드마크를 물어본다면, 개인적으로 '아크 바(Ark Bar)'를 추천한다. 아크 바는 차웽 비치에 있는 레스토랑으로 레스토랑과 바, 호텔을 같이 운영하는 복합적인 장소다. 하지만 호텔의 퀄리티가 그다지 좋지 않아 여행객들은 주로 바와 레스토랑을 많이 이용한다. 대신 아크 바에서 볼 수 있는 차웽 해변과 야경은 정말 환상적이다. 수많은 종류의 칵테일과 보드카, 위스키, 맥주 등을 판매하고 있는 만큼 술을 좋아하는 애주가

| 자유로운 분위기 속에서 음료 및 술 한잔 즐길 수 있는 아크 바의 모습.

들에게도 즐거운 장소가 될 것이며, 무알코올로 즐길 수 있는 음료 또한 많다. 자유롭고 여유로운 분위기에서 술과 음료를 즐기다 보면, 비치 쪽에서 화려한 불 쇼를 진행한다. 우리나라의 쥐불놀이를 화려하게 업그레이드한 듯한 불 쇼는 아크 바에서 가장 유명한 볼거리이기도 하다.

굳이 내가 이렇게 강조하지 않더라도, 코사무이를 방문하는 여행객들은 아마 차웽 시내 혹은 라마이 시내를 방문할 것이다. 그 정도로 이곳은 필수적으로 방문해볼 만한 장소이며, 쇼핑을 즐기거나 식사 및 술 한잔을 하기에도 좋은 장소라고 생각한다. 아무리 코사무이가 최고의 휴양지라고 하더라도, 그저 쉬기만 하고 그 지역의 메인 시내를 보고 오지 않는다면 얼마나 아쉽겠는가.

| 최근 주목받는 장소 피셔맨 빌리지, 아기자기한 분위기와 SNS 감성을 고루 갖춘 곳이다.

만일 쇼핑에 목적을 두지 않고 간단히 식사를 즐기거나 술 한잔 마시기 좋은 장소를 찾는다면, 코사무이 북부에 있는 '피셔맨 빌리지'를 추천한다. TV 예능프로그램 〈뿅뿅 지구오락실〉을 통해서도 소개된 장소인데, 개인적으로도 라마이 시내보단 이곳을 추천한다. 상대적으로 차웽에 비해서 조용한 편이며 아기자기한 느낌이 강하지만, 아름다운 바다를 보며 식사하기에는 정말 적합한 장소다. 차웽의 아크 바와 비슷하게 불 쇼를 보며 여유로움을 즐길 수 있는 비치 바도 있으며, 아기자기한 식당들이 모여있어 젊은 감성을 가진 여행객들이 많이 찾는다. 시간이 된다면 떠오르는 핫플레이스 피셔맨 빌리지에도 한 번 방문해보자.

04

# 코사무이 투어의 핵심, 코낭유안

과거 신혼여행 여행사에서 일할 때, 코사무이 여행지 상담을 진행하면서 이 이야기는 반드시 했던 것 같다. "코사무이 여행을 갔으면, 낭유안섬 투어는 꼭 즐겨보세요" 혹은 "코사무이를 갔는데 낭유안섬을 가지 않는다면, 마치 팥빵을 먹었는데 팥을 빼고 먹은 것과 같아요"라는 이야기이다. 그만큼 낭유안섬 투어는 코사무이 여행에서 핵심과 같은 투어라고 할 수 있겠다.

코사무이에서 해양스포츠를 즐길 수 있는 포인트는 꽤 다양하다. 그중에서도 가장 손꼽히는 아름다움을 가진 낭유안섬에서의 스노클링과 스킨스쿠버는 각별하다. 투명한 에메랄드빛 바다와 아름다운 자연경관, 스노클링에 적합한 얕은 바다와 스쿠버를 즐기기 좋은 깊은 바다가 공존하며, 전망대에서 섬의 환상적인 뷰를 볼 수 있는 점 등 수많은 메리트를 가진 낭유안섬. 여행사에서 강조하는 투어인 만큼 해양스포츠를 좋아하는 사람에게는 정말 큰 만족도를 줄 수 있는 섬이라고 생각한다. 여행사나 여행 상품 프로그램에 따라 다르겠지만, 기본적으로 스노클링은 포함되어 있어 낭유안섬으로 떠나기만 한다면 누구나 아름다운 섬을 쉽게 느낄 수 있을 것이다.

하지만 낭유안섬 투어는 그저 코사무이 근처 앞바다에서 해양스포츠를 즐기는 단순한 투어는 아니다. 여행사에서 낭유안섬 투어를 이야기할 때 아름다운 바다 및 자연과 즐거운 해양스포츠를 강조하는 편인데, 그 아름다움을 만나는 과정까지 세세히 설명하는 경우는 거의 없다. 하루를 다 쓰는 일정인 데다 일정을 마치고 나면 몰려오는 피로도까지, 그 과정을 알게 된다면 낭유안섬 투어가 마냥 즐거움만 있는 투어가 아니라는 것을 알 수 있다.

낭유안은 코사무이 북부에 있는 섬으로, 코타오 지역에 붙어 있는 작은 섬이다. 태국 지도를 펼쳐놓고 낭유안섬의 위치를 검색해보면 코사무이와의 대략적인 거리를 알 수 있는데, 굳이 실제 거리를 재보지 않아도 제법 먼 거리라는 것을 알 수 있다. 제법 크기가 큰 쾌속선을 타고 코사무이에서 출발, 최종 목적지인 낭유안섬까지는 편도 약 2시간이 소요된다. 이는 곧 이동하는 데 걸리는 시간만 4시간 이상이라는 말이다. 긴 시간 동안 쾌속선을 타고 낭유안에 도착해 투어를 진행해야 하는 만큼 패키지를 이용할 경우 가이드들이 멀미에 대비해 멀미약을 제공하기도 한다. 장시간 선박을 이용하는 데 부담이 되는 사람이라면 섬 투어를 진행하기 어려울 수도 있으므로 참고하기 바란다. 물론 2시간 넘게 스피드 보트를 이용해 이동하는 것보다는 좀 더 쾌적하긴 하므로 이 부분은 개인이 받아들이기 나름일 것이다.

코사무이에서의 쾌속선 출발 시간은 보통 오전 8시 전후다. 간단하게 조식을 먹고 리조트에서 출발해 선착장에 도착하면 가이드와 함께 선박 티케팅을 진행하게 되는데, 패키지의 경우 티케팅부터 스노클링 장비 대여까지 가이드가 대부분 안내하기 때문에 어렵지 않다.

낭유안섬을 자유 여행으로 즐기고자 한다면, 선착장에 도착하자마자 체크인, 티케팅, 스노클링 장비 대여 등을 개인이 해야 하므로 선박이 출발하는 시간보다 30분~1시간 정도 먼저 도착해서 준비하는 것을 권장한다. 일반적으로 코사무이 내에 있는 다수의 리조트에서 낭유안섬을 떠나는 선박 스케줄을 미리 확인할 수 있으며, 자유 여행으로 낭유안섬 투어를 진행하려면 패키지여행 투어와는 달리 좀 더 철저하게 스케줄을 준비해 두는 것이 좋다.

쾌속선 티켓에는 왕복 선박 출발 및 도착 시간이 기재되어 있으므로, 낭유안섬에서 나와야 하는 시간까지 미리 확인할 수 있다. 또한 구매한 티켓의 종류에 따라 드링크 교환권이 포함되어 있는데, 이 교환권으로 쾌속선 내 매점에서 음료를 받을 수 있다. 물론 추가 금액을 내고 간식을 사 먹는 것도 가능하다.

예전에 내가 탑승했던 쾌속선은 총 3층이었으며, 허름하지만 화장실 등의 편의시설도 있었다. 좌석은 실내와 실외에 준비되어 있으며, 일반 좌석의 경우 좌석 번호가 따로 없으므로 편하게 좌석에 앉으면 된다. 야외 좌석의 경우는 매우 덥고 그늘이 거의 없는 만큼 더위를 싫어하는 사람이라면 실내를 권장한다. 기본 투어 상품가 혹은 선박

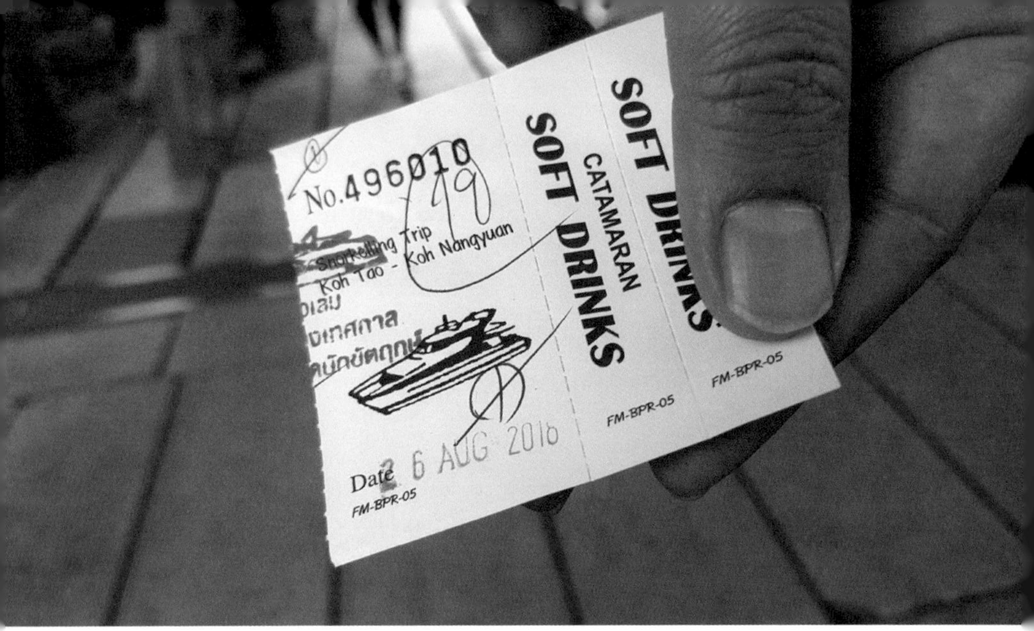


| 낭유안섬 선박 티켓, 소프트 드링크 쿠폰이 함께 붙어 있다.

이용료 외에 추가료를 내면 쾌속선 내 VIP 좌석, VVIP 좌석에 앉을 수 있는데, VIP 좌석의 경우 편도 100바트, VVIP 좌석의 경우 편도 200바트를 추가로 지불하면 된다.

유료 좌석의 경우 추가 금액이 비싼 편은 아니므로, 좀 더 넓고 조용한 좌석을 이용하고 싶다면 유료 좌석을 이용해보는 것도 좋다. 하지만 유료 좌석의 개수가 많지 않아 앉고 싶어도 선착순에 밀려 앉지 못하는 상황도 발생한다. 나도 넓고 쾌적한 VVIP 좌석을 이용해 보았는데 내가 탑승했던 쾌속선에는 단 12석밖에 없어서 경쟁이 매우 치열했다. 실제로 낭유안섬을 갈 때는 서둘러 VVIP 좌석을 선점했지만, 코사무이로 돌아올 때는 이미 모든 유료 좌석이 만석이었기에 어쩔 수 없이 일반석을 이용해 돌아올 수밖에 없었다.

| 유료로 좌석을 업그레이드하면, VVIP 좌석에 앉을 수 있다. 자리가 조금 더 넓고 쾌적하다.

약 2시간 정도를 달려 낭유안섬에 도착하면, 몇 가지 확인 절차를 진행하게 된다. 먼저 신발인데, 섬의 보호를 위해 운동화나 딱딱한 바닥의 신발을 신고 들어갈 수 없다. 당시 나 또한 신상 아쿠아슈즈를 신고 갔지만, 쾌속선 출발 전 가이드가 "이 신발로는 낭유안섬으로 못 들어갑니다"라고 알려줘서, 선착장에서 울며 겨자 먹기로 가벼운 슬리퍼를 구매했다.

그리고 페트병도 들고 들어갈 수 없다. 물이나 음료도 플라스틱 재질이라면 가지고 들어갈 수 없다고 생각하면 된다. 낭유안섬이 깨끗한 섬으로 보존될 수 있도록 국가적인 차원에서 철저하게 관리하고 있는 것이다. 다소 불편하지만 자연 보호를 위해 이러한 주의 사항은 숙지하기 바란다.

긴 시간 동안 배를 타고 이동한 후 섬에 도착하자마자 이것저것 검사하는 절차들 때문에 조금 피곤해질 수 있지만, 검사를 마치고 낭유안섬의 해변을 바라보면 쌓인 피로와 스트레스는 한순간 사라지게 된다. Y자 모양의 길을 두고 펼쳐진 아름다운 해변은 저마다 다른 경치를 보여주며, 바닥이 다 비칠 정도로 투명하면서도 아름다운 바다가 반겨준다. 발이 닿는 얕은 바다에서 스노클링을 해도 예쁜 열대어들을 쉽게 만날 수 있으며, 체험 다이빙과 같은 초보도 가능한 해양 액티비티를 통해 바닷속 체험을 즐길 수 있다.

자연 보호를 위해 수상스키나 패러세일링 등의 동력 스포츠는 즐기기 어렵지만, 가볍게 스노클링만 해도 가이드나 여행사 상담사가 왜 이 낭유안섬을 그렇게 추천했는지 쉽게 알 수 있다. 말로 설명하기 어렵지만, 남국의 지상 낙원이 바로 이런 느낌이 아닐까 싶다.

낭유안섬 언덕 위에 있는 전망대를 오르면 작은 섬 경치가 한눈에 보이는데, 이곳에서 사진을 찍는다면 정말 아름다운 한 컷을 건질 수 있을 것이다. 계단을 조금 오르긴 해야 하지만 전망대까지의 거리가 100미터가 채 넘지 않는 만큼 어렵지 않게 오를 수 있으며, 언덕을 내려와 다시 해수욕을 즐기면 흘렸던 땀도 씻어낼 수 있다. 타이밍만 맞으면 해변에서 바다거북도 볼 수 있다. 그리고 가끔 돌고래를 볼 수 있는 날도 있다고 한다. 작고 자연 친화적인 낭유안섬에서 체류하는 시간은 길지 않지만 그 시간 동안 예쁜 추억과 환상적인 경험을 할 수 있을 것이다.

이곳에는 작은 리조트와 함께 작은 식당, 음료를 판매하는 조그만

| 낭유안섬에는 작은 언덕이 있는데, 언덕에 오르면 멋진 낭유안섬의 경치를 한눈에 담을 수 있다.

바가 하나 있다. 패키지로 낭유안섬을 방문했다면 섬 내에 있는 식당에서의 식사가 기본적으로 포함되어 있겠지만, 여느 섬 투어와 마찬가지로 식사의 퀄리티는 기대하지 않는 것이 좋다. 식당의 메뉴는 뷔페 스타일로 준비되어 있으며, 메뉴를 원하는 대로 먹을 수 있다. 대부분 태국 현지식이며, 일부 메뉴는 향이 강한 편이라 현지식이 익숙하지 않다면 먹기 어려울 수도 있다. 그나마 다행인 점은 앞에서 소개한 크라비섬 투어에 비하면 식당의 규모도 더 크고 먹을 만한 메뉴가 훨씬 많다는 점 정도다.

시장이 반찬이라고 했던가, 물놀이 후 먹는 밥은 퀄리티와 상관없이 맛있었다. 바에서는 코코넛 쉐이크 등의 음료를 판매하고 있으며,

식사와는 달리 패키지여행으로 낭유안섬을 방문했더라도 음료는 개인이 구매해야 하는 경우가 많으므로 참고하자. 더불어 섬 내에는 화장실도 하나뿐이며, 식사 시간 전후로 화장실이 많이 붐비게 되는 점도 알아두면 좋다. 화장실의 위생 상태나 샤워장의 상태 또한 기대는 하지 않는 게 좋다.

개인적으로 낭유안섬에서의 경험은 나에게는 너무나 각별했다. 태어나서 처음으로 스킨스쿠버를 해봤던 곳이기도 하고, 태국에서 가 본 다양한 섬 중에서 가장 예쁜 섬으로 기억에 남는 곳이기도 하다. 이동시간이 제법 길다거나 했던 이런저런 단점도 분명히 있는 곳이지만 시간과 노력을 들여서라도 가볼 만했던 좋은 여행지였던 점은 부정할 수 없다. 코사무이 여행을 즐기는 여행객들의 콘셉트나 여행 스타일은 모두 다르겠지만, 낭유안섬 투어는 시간적 여유가 충분하거나 해양스포츠를 좋아하는 사람, 혹은 단순히 아름다운 바다에서 예쁜 사진 한 장 남기고자 하는 사람 모두에게 추천한다. 정말로 코사무이에 갔는데 낭유안섬 투어를 즐기지 않았다면, 마치 팥 없는 팥빵 같은 상황이다.

05

# 코사무이의 풀 빌라: 여행 콘셉트를 고려하자

코사무이로 여행을 온 관광객, 특히 신혼여행을 온 커플들이라면 코사무이 내의 다양한 리조트들을 중요하게 생각할 것이다. 코사무이라는 지역 자체가 태국 내에서도 휴양의 비중이 높은 지역인 만큼 휴양을 위한 최고의 리조트를 찾고자 하는 경우가 많다. 그리고 그에 부응하듯 코사무이 내에는 저렴한 가성비형 리조트부터 고가의 브랜드 리조트들이 많다.

특히 포시즌스, 콘래드, 반얀트리, W 등의 한국인들도 알 법한 초대형 브랜드 리조트들이 많이 있는 편인데, 상대적으로 파타야나 푸켓에 비해 좀 더 고급스러운 초호화 브랜드들이 코사무이에 많이 모여있어서 지금의 코사무이가 얼마나 럭셔리한 휴양지가 되었는지 쉽게 알 수 있다. 완벽한 인피니티 오션뷰를 자랑하는 콘래드, 자연친화적인 콘셉트와 함께 최고급 서비스 품질을 갖춘 포시즌스, 현대

❙ 코사무이에서도 가장 현대적이며 세련된 인테리어를 갖춘 W 리조트의 모습.

적인 감각을 갖춘 W 리조트는 개인적으로도 추천하는 3대 럭셔리 리조트이다.

당연한 이야기지만, 이런 브랜드 리조트들은 수영장이나 스파 시설 등 많은 고급 부대시설을 보유하고 있으며, 리조트 내에서만 해도 즐길 수 있는 다양한 자체 프로그램들이 준비되어 있으며, 고급스럽고 뛰어난 컨디션을 보유한 객실 및 풀 빌라를 갖추고 있기에 숙소만큼은 다른 태국 여행지들보다 신혼여행에 좀 더 특화되어 있다고 할 수 있다. 직원들의 서비스 품질은 말할 것도 없이 만족도가 높다.

우리가 잘 아는 대표적인 브랜드 리조트가 아니더라도, 코사무이에서의 4성급 이상 리조트들은 기본 이상의 퀄리티를 보장한다. 그러므로 여행을 준비할 때 예산에 대한 부분도 너무 걱정할 필요는 없다. 적은 예산으로 코사무이 여행을 준비한다면 거기에 맞는 가성비형 리조트를 고르면 된다. 혹은 여행사들마다 프로모션이 있는 리조트들이 다양하게 있으므로 여러 여행사의 상담사에게 패키지 상품에 대한 설명을 듣고 견적을 받아보는 것도 좋은 방법이다.

푸켓의 풀 빌라 이야기를 했을 때도 언급했지만, 여행사들이 현지 리조트와 계약할 때 받아오는 요금이 모두 다르기 때문에 고급 브랜드 리조트라고 하더라도 여행사별로 판매하는 금액은 제법 차이가 날 수 있다. 잘 비교해 보면 여행사별로 비슷한 상품임에도 좀 더 저렴하게 예산을 짤 수 있으므로 여행을 준비하는 고객들이 직접 여행사의 상품들을 비교하며 일정 중 어떤 점이 다른지, 어떤 객실을 주력으로 판매하는지, 어떤 상품으로 준비하는 것이 가장 경제적일지, 어떤 콘셉트가 자기에게 잘 맞을지 등을 고려해서 패키지 상품을 계약하는 것이 가장 좋다.

이 밖에도 리조트를 고를 때 고려할 점은 바로 리조트의 위치가 코사무이 내 어디에 있는가이다. 이 내용은 비단 코사무이에만 적용되는 것이 아닌 푸켓, 카오락, 크라비 등과 같은 태국 내 다양한 휴양지에 모두 해당이 되는 만큼 리조트를 선정할 때 주의해야 한다.

특히 코사무이는 태국 내 다른 휴양지들에 비해서 리조트의 위치가 갖는 중요성이 좀 더 큰 편이다. 그 이유는 일부 코사무이의 브랜드 리조트들의 위치가 메인 시내인 차웽이나 라마이와 많이 떨어져 있기 때문이다. 지도로만 봤을 때는 푸켓보다도 작은 섬에서 이동 거리가 얼마나 차이가 날까, 생각할 수 있는데, 코사무이의 도로 사정 및 섬의 모양 등을 조금만 들여다보면 생각했던 것보다 이동에 시간이 많이 소요됨을 알 수 있다.

코사무이는 섬 가운데 거대한 산과 정글이 있으며, 도로가 섬 끝에서 끝을 대각선으로 가로지를 수 없는 구조로 되어 있다. 제주도를 예로 들면, 북쪽 제주시에서 남쪽 서귀포시까지 이동할 때 섬 가운데 있는 한라산을 가로질러 갈 수 있는 도로가 있어서 긴 시간을 들이지 않고 이동할 수 있다. 하지만 코사무이는 산이나 정글을 가로지르는 도로 없이 해안선 라인을 따라 둘러 이동할 수밖에 없는 도로 구조이다 보니 생각했던 것보다 이동시간이 길어질 수밖에 없다.

코사무이를 일반 패키지 혹은 신혼여행 패키지 상품으로 진행했을 때, 반드시 1일은 리조트에서의 자유 일정이 포함된다. 휴양성이 높은 코사무이에 온 만큼 하루 정도는 고급 리조트에서 머물며 완벽한 휴양, 호캉스를 즐길 수 있게 하기 위함이다.

하지만 이 1일의 휴양을 어떻게 활용하는가는 여행객에 따라 다르며, 활동적인 여행객들의 경우 리조트에서 하루를 쉬면서 보내기보다는 주변 다른 관광지를 가거나 시내에 나가 쇼핑을 즐기거나 맛집을 찾기도 한다. 특히 패키지로 여행을 온 여행객일수록 패키지 스케줄 때문에 시내 구경을 제한적으로밖에 할 수 없기 때문에 자유시간에도 시내를 나가보려 하는 경향이 있다.

만약 리조트가 럭셔리한 콘래드, 포시즌스라면 시내에 나가기까지의 시간을 많이 들여야 한다. 코사무이를 대표하는 메인 시내, 차웽을 기준으로 포시즌스 리조트에서 차웽까지는 차량으로 편도 약 30분, 콘래드 리조트에서는 편도 약 1시간 정도가 소요되므로 이동

포시즌스 리조트, 럭셔리하고 아름다운 리조트이지만 차웽 시내에서 차량으로 편도 약 30분 정도 이동해야 갈 수 있다.

시간이 꽤 부담스럽다. 이 시간은 어디까지나 교통 사정이 좋았을 때의 이야기고 교통 체증이라도 발생할 때는 이동시간이 훨씬 더 늘어나게 된다. 상대적으로 먼 콘래드와 포시즌스를 예로 들었지만, 그나마 시내에서 조금 가까운 식스센스, 반얀트리, W 리조트 또한 차량으로 편도 약 20분 정도 소요되는 만큼 마냥 가깝다고 할 수는 없다. 차웽 시내에서 가까운 리조트일수록 우리가 잘 모르는 브랜드, 혹은 태국의 현지 브랜드 리조트여서 좀 더 잘 알려진 리조트를 가려는 여행객들에게 망설임을 주게 된다.

자유 시간에 시내를 나가기 위해서는 리조트에서 제공하는 무료 셔틀을 이용하는 방법도 있지만, 무료 셔틀이 없는 리조트도 제법 많으며 셔틀을 이용할 수 있다고 해도 운영 시간이 제한적인 만큼 미리 셔틀 시간을 확인해둬야 한다. 그렇지 않으면 택시 등의 대중교통을 이용해야 하는데 홍정이 주를 이루는 코사무이 내 택시들 때문에 바가지를 쓰기 쉬울뿐더러, 시내에서 멀리 있는 리조트일수록 택시를 부르는 데 걸리는 시간도 필요하기 때문에 택시 이용마저 쉽게 접근하기 어렵다.

그래서 코사무이 숙소를 결정할 때 '주어진 자유 시간 동안 무엇을 할 것인가'와 같은 여행 콘셉트 상의가 정말 중요하다. 어떤 이들은 자유 시간 동안 일정표에 쓰여 있는 대로 리조트 내에서 부대시설을 이용하면서 제대로 호캉스를 즐길 것이며, 이런 사람들에겐 리조트의 위치가 큰 고려 사항이 되지는 않을 것이다. 하지만 자유 시간 동안 시내 구경도 하고, 못했던 투어도 몇 가지 더 즐기고 싶다면 여행 상품 상담 시 리조트의 위치, 시내와의 기리, 교통 인접성 등을 확인해 둬야 한다. 고급 브랜드일수록 시내와 멀어지는 코사무이의 특성을 기억해두는 것이 좋다. 그렇다고 시내에서 가까운 모든 리조트가 다 형편없는 퀄리티를 가진 것은 아니므로 상담사에게 시내에서 가까우면서 고급스러운 리조트를 소개해 달라고 한다면 이에 가장 맞는 만족도 높은 리조트로 추천해줄 것이다.

만일 콘래드나 포시즌스와 같은 초호화 리조트에 머물면서 동시에 시내 구경도 충분히 하고 싶다면, 여행 첫째 날 미리 가이드에게 이야기해두는 것이 좋다. 럭셔리한 리조트에서의 호캉스와 여유로운 시내 투어라는 두 마리 토끼를 잡기 위해서는 사실상 이 방법이 가장 좋다. 가이드에게 미리 이런 여행 콘셉트를 이야기하면 제한적이지만 시내 투어를 최대한 오래 할 수 있도록 가능한 선에서

| 아름다운 오션뷰가 인상적인 콘래드 리조트, 코사무이 내 리조트들 중에서 메인 시내인 차웽과의 거리가 가장 멀다.

도와줄 것이다. 만일 이런 콘셉트를 미리 이야기하지 않은 채 일정 3~4일 차에 갑자기 원하는 바를 이야기한다면 가이드도 당황스럽고 도움을 주지 못할 수도 있다. 이 과정에서 서로 얼굴 붉히는 일도 발생할 수 있는 만큼 원하는 여행 콘셉트가 있다면 어려워하지 말고 여행 첫날 가이드와 상의하도록 하자.

처음부터 패키지여행 상품에 대해 상담할 때 원하는 여행객들이 가진 콘셉트를 상담사와 잘 이야기해서 리조트를 선택할 때 그 조건에 맞도록 선택하는 것이 훨씬 더 낫다. 코사무이에는 다양한 고급 브랜드 리조트들이 많이 있으며, 이름값만큼 만족도 또한 매우 높고 많은 장점이 있지만, 지역적 특성으로 인한 단점도 있다는 사실을 놓쳐서는 안 될 것이다.

## Chapter 4

# 후아힌

01

# 왕족의 휴양지, 후아힌은 어떤 곳일까?

일반적으로 태국 여행을 생각한다면, 가장 먼저 아름다운 바다와 고급스러운 리조트가 있는 '휴양지'의 이미지를 떠올릴 것이다. 앞서 설명한 푸켓과 코사무이 등의 지역이 대표적이며, 태국의 1세대 휴양지인 파타야 또한 같은 이미지를 가진 곳이다. 하지만 그 나라의 진짜 모습을 보기 위해서는 수도를 방문해야 한다고 하지 않았던가. 그래서 태국 여행도 수도이자 대도시인 방콕으로 여행하는 사람들이 많으며, 다른 태국의 관광 명소들과는 달리 휴양지는 아니어도 방콕 여행을 통해 태국의 역사와 문화를 체험해보고자 하는 사람들이 많다.

일반적인 방콕 패키지여행 상품은, 방콕에서 차량으로 편도 약 1시간 30분 거리에 있는 파타야와 엮어 프로그램이 만들어지는 경우가 대부분이다. 방콕과 파타야의 조합은 거리가 가까우면서 동시에 휴양과 투어 두 마리 토끼를 다 잡을 수 있다는 장점 때문에 패키지여행뿐만 아니라 자유 여행으로 태국을 찾는 사람들에게도 인기가 많다.

하지만 오래전부터 사랑받아온 지역과 여행 방식이라 이미 태국 여행을 많이 가본 사람들에게는 다소 식상할 수도 있다. 실제로 여행사에서 판매하는 방콕과 파타야 조합 패키지는 초창기 패키지여행이 유행하던 시기와 비교했을 때 최신 여행 상품이라 하더라도 여행의 일정 및 진행되는 프로그램의 변화가 거의 없다. 방콕과 파타야는 태국 여행을 대표하는 유명한 지역임에는 틀림이 없지만, 그만큼 이미 많은 사람이 다녀온, 이제는 약간 식상한 지역이라는 점은 부정할 수 없다.

후아힌은 파타야와 마찬가지로 방콕에서 차량으로 편도 약 1시간 30분~2시간 정도 소요되는 지역으로, 파타야가 방콕의 남동쪽 지역이라면 후아힌은 방콕의 남서쪽, 파타야의 반대편 해변에 있는 지역이다. 최근 파타야를 대체하여 방콕에서 연계가 가능한 신흥 휴양지로 인기를 누리는 곳으로 방콕 공항에 도착해 차량으로 이동하면 되는 만큼 항공편에 대한 선택지 또한 넓은 편이다. 한국에서 방콕으로 가는 비행기는 국적기, 저가항공사 등 다양한 항공사를 이용해 직항으로 갈 수 있으며, 크라비나 코사무이와 같이 경유 항공편을 이용할 필요도 없다.

일반적인 후아힌의 패키지여행 프로그램은 후아힌 지역의 일정으로만 프로그램을 만들거나 방콕과 후아힌을 함께 엮는 경우가 많다. 그리고 신혼여행 패키지로 후아힌을 여행한다면 일정 전체를 대부

| 태국에서 가장 예쁜 기차역으로 알려진 후아힌역.

분 휴양지인 후아힌만으로 프로그램을 만들기도 한다. 만일 자유 여행으로 후아힌을 계획한다면 방콕과의 인접성이 좋아 방콕과 후아힌을 함께 묶어 여행하기 좋은데, 방콕의 후알람퐁 중앙역에서 열차를 타거나 모칫 밴 터미널에서 롯뚜(미니 밴)를 타고 어렵지 않게 후아인으로 이동할 수 있다. 열차나 밴 등의 교통편을 이용하면 큰 금액을 들이지 않고도 이동할 수 있다는 장점이 있기에 이동에 대한 부담이 적다.

후아힌을 이야기할 때 빼놓을 수 없는 키워드가 있는데, 바로 '왕실의 휴양지'라는 것이다. 현재의 태국은 1782년부터 이어져 온 짜끄리 왕조의 왕국, 입헌군주제인 나라다. 그래서 태국은 한국과는 달리 현재까지도 왕과 왕족이 존재하는데, 태국의 여러 지역 중 후아힌은 과거부터 왕족의 휴양지로 많이 알려진 곳이다. 실제로 후아힌에는 지금까지도 태국 왕가의 영구적인 거주지가 있으며, 후아힌 비치 근처에는 '무근심'을 의미하는 '클라이캉원(Klai Kangwon)'이라는 궁전도 있다. 아쉽게도 이곳은 방콕에 있는 왕궁과 달리 일반 관광객에게 100% 개방하는 경우가 거의 없다.

후아힌은 한국의 서울보다 크지만, 실제로 리조트나 관광지들이 후아힌 비치를 중심으로 모여 있기 때문에 후아힌 내에서 여행을 즐긴다면 긴 동선으로 인한 스트레스는 생각하지 않아도 된다. 후아힌 내 고급스러운 리조트들은 시내에서 조금 떨어져 있지만, 중심 상권이나 야시장까지 차량으로 10~15분이면 어디든 갈 수 있어서 푸켓이나 코사무이, 크라비에 비해 이동에 드는 시간적 손실이 적다. 물론 상권이라고 해도 푸켓이나 코사무이 등의 휴양지와 마찬가지로 규모가 크지 않으므로 거대한 쇼핑몰들과 고급스러운 식당이 모여 있는 분위기를 예상한다면 조금 실망할지도 모르겠다. 하지만 방콕이 멀지 않고, 어차피 항공편을 이용하려면 방콕에 가야 하므로 쇼핑을 즐기고자 한다면 방콕에 있는 다양하고 고급스러운 쇼핑몰을 이용하는 것이 더 나을 수도 있다.

후아힌이 파타야를 대체할 수 있는 여행지라고 이야기했으나, 파타야와 후아힌 두 지역은 여행지로서 큰 차이점이 존재한다. 먼저 후아힌은 파타야에 비해 퇴폐적이거나 저속한 느낌이 적은 편이다. 파타야는 태국의 1세대 휴양지답게 다양한 볼거리와 즐길 거리, 수많은 먹거리와 쇼핑할 만한 장소를 갖추고 있지만, 이면에는 다소 어둡고 퇴폐적인 분위기 또한 가지고 있다. 성 상품화를 위한 장소들이 꽤 많으며, 쉽게 성매매가 이루어지는 아고고 바와 클럽이 많아 파타야에 처음 가본 여행객들은 많이 놀라곤 한다.

파타야에서 가장 유명한 장소인 여행자 거리 '워킹 스트리트'에 대해 모르는 사람들은 그저 방콕 여행자 거리 '카오산 로드'의 자유분방한 모습을 생각하고 방문하게 되는데, 성 상품화를 위한 아고고 바와 다수의 클럽 입구에서 헐벗은 채 호객 행위를 하거나 봉춤을 추고 있는 태국 여성들을 보면 큰 문화 충격을 느끼게 된다. 그래서 파타야는 아이를 동반한 가족이나 연인과 함께 여행하기보다는 친구들끼리 여행한다면 색다른 경험을 할 수 있는 지역이다.

하지만 후아힌은 이런 저속하고 퇴폐적인 장소는 거의 찾아볼 수 없으며, 다른 태국 내 휴양지보다 치안이 좋은 편이어서 가족 여행을 즐기기에 좋다. 최근에는 고급스러운 브랜드 리조트가 많이 생겨 신혼여행으로도 주목받는 지역이 되었다. 파타야와는 같은 휴양지여도 분위기가 매우 다른 지역이라는 점은 참고해야만 한다.

또 하나의 차이점은 해변이다. 어떻게 보면 후아힌의 결정적인 단점일 수도 있는데, 후아힌은 기본적으로 해변의 파도가 세서 우리가 흔히 예쁘다고 생각하는 '맑고 청아한 에메랄드빛 바다'는 보기 어렵다. 그나마 후아힌에 있는 대부분의 고급 브랜드 리조트들이 해변에 인접해 있어 해변에서 해수욕을 즐길 수 있지만 해상 컨디션은 우리나라의 동해 혹은 남해와 비슷한 수준이다. 물론 한국의 동해나 남해가 예쁘지 않다는 것은 아니지만, 우리가 흔히 생각하는 동남아시아 휴양지의 이미지 속 에메랄드빛 바다를 볼 수 있는 지역은 아니라는 것이다.

| 후아힌의 바다는 꽤 아름답지만, 우리가 흔히 아는 에메랄드빛 바다의 이미지와는 다소 다르다.

패키지 프로그램을 진행하더라도 파타야나 푸켓, 크라비와 달리 해양스포츠나 호핑 투어가 강세는 아니며, 후아힌에서 호핑 투어를 즐기려고 해도 배를 타고 1~2시간 이상 이동해야 스노클링을 즐길 만한 장소가 나온다는 단점이 있다. 후아힌에서 갈 수 있는 '코타루 섬 호핑 투어'의 경우 후아힌에서 즐길 수 있는 호핑 투어 중 가장 좋은 평가를 받고 있지만, 배를 타고 제법 긴 시간을 이동해야 섬을 만날 수 있다.

그래도 바다에 대한 너무 큰 기대만 하지 않는다면 후아힌의 비치도 충분히 예뻐서 해변에서 해수욕을 즐기기에 괜찮은 곳이다. 실제로 태국인들을 비롯해 수많은 외국인 여행객들이 후아힌 비치에 나와 저마다의 방식으로 해수욕을 즐기기도 한다. 비치에 나가 보면 가족 단위로 해변에서 물놀이를 즐기는데, 이는 마치 한국의 경포대나 정동진 해변 같은 느낌도 많이 든다.

바다와 비치가 상대적으로 덜 아름답다는 것은 휴양지로서의 약점으로 다가올 수 있는 부분이라고 생각한다. 하지만 후아힌은 한적하고 조용한 분위기에서 연인, 가족과 함께 휴양하기에 좋은 환경을 갖추고 있고, 야시장이나 멋진 사원들을 비롯해 태국 여행 중 가볼 만한 이색적인 여행지들도 많다. 최근 다양한 호화 브랜드 리조트들이 후아힌에 새롭게 지어지고 있는데, 이는 후아힌이라는 지역이 휴양형 여행지로서 충분한 가능성을 가진 지역이라는 것을 반증하는 것이 아닐까? 방콕과 멀지 않은 후아힌, 파타야를 대체할 새로운 휴양지를 찾는다면 한 번 주목해봐도 좋은 지역이 아닐까 생각해본다.

02

# 후아힌에는 독특한 시장이 있다?
# 후아힌 야시장 & 시카다 마켓

태국 여행에서 '야시장 투어'를 뺀다면 과연 제대로 된 태국 여행을 했다고 이야기할 수 있을까? 중국이나 동남아시아 등의 다양한 나라와 지역에는 저마다의 개성을 가진 야시장이 존재하지만 태국의 야시장은 다른 국가나 여행지들에서 볼 수 있는 야시장에 비해 규모가 크고 볼거리가 많은 것으로 유명하다. 자극적인 먹거리와 저렴하게 구매할 수 있는 패션 아이템, 지인들에게 선물하기 좋은 기념품 등이 있어서 많은 여행객이 일부러 시간을 내서 야시장 구경을 하곤 한다.

후아힌의 야시장을 이야기하기 전에 후아힌에서 가볼 만한 쇼핑몰을 소개해보기로 한다. 최근 후아힌이 인기 있는 여행지가 되고 많은 여행객이 유입되면서 이런저런 쇼핑몰들도 많이 생겼다. 과거에는 후아힌 내에 이렇다 할 만한 쇼핑몰이 없었던 것은 사실이지만, 그래도 현시점에서 가볼 만한 쇼핑몰이 없는 것은 아니다. 대표적으로 후아힌 중심에 있는 '마켓 빌리지 후아힌'이 있는데, 규모도 꽤 크고 많은 유명 브랜드가 입점해 있으며 다양한 프랜차이즈 식당을 보유하고 있다. 내부에는 로터스(LOTUS)라는 브랜드의 대형 슈퍼마켓도 있어 생필품 등을 구매할 수 있다. 이곳은 후아힌 시내에 빅 씨 슈퍼마켓이 없기 때문에 생필품 구매에 좋은 대안이 된다. 그리고 마켓 빌리지에서 방콕으로 출발하는 롯뚜를 탑승할 수도 있기에 대중교통을 이용해 후아힌 여행을 온 사람들이라면 기억해야 할 장소다. 한 마디로 마켓 빌리지 후아힌은 후아힌의 랜드마크와도 같은 장소라고 할 수 있겠다.

신혼여행 등 여행사를 통한 패키지로 후아힌만 다녀온 사람들이라면 이런 쇼핑몰에서 쇼핑을 즐기는 것만이 유일한 선택지겠지만, 방콕을 조인해서 여행하는 사람들이나 자유 여행객들에게는 이 쇼핑몰이 그다지 메리트가 없을 것이다.

그도 그럴 것이 방콕에 가면 더욱 화려하고 거대한 쇼핑몰이 얼마든지 있는데, 굳이 후아힌까지 와서 일부러 대형 쇼핑몰에서 시간을 할애해야 하나 싶은 생각이 들 수 있기 때문이다. 대신 후아힌의 야시장은 꼭 한 번 가보게 되는 것 같다. 후아힌의 야시장은 규모도 제법 크고, 볼거리와 먹거리도 많기에 일부러 시간을 들여 방문해도 후회가 없다. 야시장 주변으로 가성비 좋은 태국 마사지 숍들도 많으므로 야시장 구경을 즐기고 난 후 마사지까지 받고 오기에도 좋다.

후아힌에는 다양한 야시장들이 있는데, 후아힌역 근처의 '후아힌 야시장'을 추천한다. 후아힌에서 가장 규모가 큰 이곳은 찻차이 시장과 붙어 있는 야시장으로, 후아힌 기차역에서 약 500m 정도 북쪽으로 이동하면 도착한다. 시내 중심가에 있어서 야시장 주변으로 먹거리를 파는 현지식 식당도 많이 있고, 멀지 않은 곳에 후아힌의 대표 명소 시계탑도 있어서 단순히 야시장뿐 아니라 야시장 주변을 돌아보기에도 좋다. 게다가 야시장에서 도보로 500m 정도 걸어가면 바로 후아힌 해변을 만날 수 있다.

후아힌 야시장은 여느 태국의 야시장들과 큰 차이는 없지만, 규모가 꽤 크기 때문에 구경할 맛이 나고, 특별한 일이 없으면 거의 매일 열린다는 장점이 있다. 저녁 시간이 되면 야시장 앞으로는 교통이 통제되어 차량 이동이 불가능해지고, 통제된 길 가운데로 다양한 가게들이 들어서며 불을 밝히게 된다. 야시장은 매일 열리지만, 주말에 방문한다면 생각보다 많은 인파로 깜짝 놀라게 될 것이다.

야시장에서는 먹거리와 패션 상품들을 판매하는데 품질 대비 가격이 매우 저렴하므로 부담 없이 쇼핑을 즐길 수 있다. 물론 능력이 된다면 흥정을 통해 가격을 깎아볼 수도 있겠지만, 가급적 길거리 음식의 가격은 깎지 않고 제 가격을 주고 구매하도록 하자. 여행객이라고 하더라도 길거리 음식의 가격을 깎으려 하는 사람은 거의 없을뿐더러, 그렇게 비싸지도 않은 음식값인데 이를 깎으려 한다면 어글리 코리안으로 낙인이 찍히게 될 테니 주의하도록 하자.

태국의 어느 지역이든 마찬가지겠지만, 야시장에서 먹는 길거리 음식은 정말 매력적이다. 그 나라의 음식 문화를 알 수 있고, 일반 태국 음식을 판매하는 식당들보다도 자극적인 맛이어서 더 맛있게 느껴지는 게 아닐까 싶다. 길거리 노점상 특성상 위생적인 부분 때문

| 후아힌 야시장, 규모가 꽤 큰 시장으로 돌아다니며 구경하는 재미가 쏠쏠하다.

에 거부감을 갖는 사람도 있지만, 위생에 심각하게 민감하지 않다면 야시장에서의 다양한 음식들은 여행객들에게 즐거운 경험을 선사해 줄 것이다.

후아힌 야시장에는 우리가 아는 유명한 태국 요리들부터 전갈이나 악어 꼬치 등 한국에서는 도저히 맛보기 어려운 음식까지, 정말 다양한 음식을 판매하고 있다. 만일 태국 여행 경험이 적거나 향신료 때문에 태국 요리에 다소 거부감을 가진 여행객이라면, 야시장표 '팟타이'와 '로띠'를 추천한다. 팟타이는 태국어로 '태국을 볶다'는 의미의 볶음면인데, 고소하고 달콤한 맛 덕분에 남녀노소 누구나 쉽게 먹을 수 있는 요리다. 향신료도 거의 들어가지 않고, 호불호가 갈릴 수 있는 채소들은 따로 담아주기 때문에 기호에 맞게 섞어 먹으면 된다. 한국에 있는 여러 태국 요리 식당에서도 판매하고 있을 정도로 유명한 메뉴지만, 야시장에서 판매하는 팟타이는 굉장히 저렴해서 부담 없이 한 그릇을 즐길 수 있다.

로띠는 태국식 팬케이크로 이해하면 되는데, 얇은 반죽 속에 바나나나 계란 등을 넣어 익힌 디저트이다. 나는 개인적으로 바나나가 들어간 로띠를 가장 좋아하는데, 스트레스가 확 날아갈 것만 같은 달콤함이 일품인 디저트로 태국을 찾은 여행객들에게 인기 있는 메뉴다.

나 또한 후아힌에서 팟타이와 로띠를 사서 먹었는데, 두 메뉴를 합쳐서 100바트(한화 약 3,500원 정도)에 구매할 수 있었다. 한국에서 이 메뉴들을 먹으려면 아무리 저렴해도 최소한 10,000원 정도는 들여야 먹을 수 있을 정도로 비싼 데다 심지어 태국식 로띠는 국내에서 판매하는 곳이 많지 않기 때문에 쉽게 맛보기 어려운 메뉴다. 무엇보다 야시장에서 판매하는 팟타이와 로띠는 일반 로컬 식당에서 먹는 것보다 훨씬 자극적이고 맛있다.

요리뿐만 아니라 망고와 같은 열대과일들도 저렴한 가격에 판매한다. 예를 들어 망고를 300바트(한화 약 11,000원 정도) 정도의 금액으로 구매하면 상상 이상의 어마어마한 양을 살 수 있다. 한국에서는 과일들이 비싸게 판매되는 편인데, 태국에서 직접 과일을 구매해보면 어렵지 않게 비교할 수 있을 것이다.

태국의 야시장에서는 우리가 상상하지 못한 다양한 물품들을 팔고 있는데, 한국인 여행객이라면 반드시 주의해야 하는 것이 있다. 시장에서는 한국에서 불법으로 취급되는 물품도 판매한다. 대표적

| 후아힌 야시장에서 판매되는 대마 관련 제품, 한국에서는 불법이므로 구매하면 안 된다.

으로 대마 관련 상품이 있다. 야시장을 돌아다니며 한참을 구경하다 보니 어디선가 본 적이 있는 나뭇잎이 그려진 상품을 파는 곳이 있었다. 마치 단풍잎처럼 생긴 그림이 붙어 있는 제품인데 자세히 보니 단풍잎이 아닌 대마잎이었다.

대마 성분이 포함된 음료나 식품도 판매하는데 놀랍게도 대마 소주도 있었다. 심지어는 대마 소주병은 한국에서 판매하는 소주병과 거의 똑같이 생겼으며, 그저 병에 대마잎 그림이 작게 그려져 있을 뿐이어서 자칫 잘못하면 구매할 수도 있겠다 싶을 정도였다. 당연한 이야기지만, 태국의 야시장에서 대마 관련 상품을 판매한다고 해도 국내법으로는 철저히 불법인 만큼 대마 관련 상품을 구매하지 않도록 주의하기 바란다.

후아힌의 야시장이라면 앞에서 언급한 후아힌 시내 중심, 찻차이 시장 근처에 있는 야시장이 가장 유명하다. 조금 이색적인 야시장으로 '시카다 마켓(Cicada Market)'을 추천한다. 후아힌 시내 남쪽에 자리하고 있으며 후아힌 기차역에서는 약 4km 정도 거리에 있다.

이곳은 주말에만 운영하는 야시장이기 때문에 패키지여행으로 후아힌을 방문했다면 여행 날짜에 따라 방문이 불가할 수도 있다. 특히 4박 6일 일정의 신혼여행 패키지의 경우, 결혼식 이후 출발하는 특성 때문에 주로 토요일~월요일 사이에 한국에서 출발하게 된다. 이 경우 일정이 잘 맞지 않아서 신혼여행 패키지의 일정표에는 시카다 마켓 투어가 빠져 있는 경우가 많다. 자유 여행으로 후아힌을 방문한다고 해도 일정에 주말이 포함되어 있지 않다면 시카다 마켓을 둘러보는 것은 불가능하다.

시카다 마켓의 풍경은 우리가 흔히 알고 있는 일반적인 태국식 야시장과는 다르다. 시장 내 인테리어나 조명 등은 현대적이면서 깔끔하다. 화이트 컬러가 베이스여서 그런지 더욱 깔끔해 보이는 것 같다. 시카다 마켓의 특별함은 현대적인 인테리어뿐만 아니라 시장에서 판매되는 품목에서도 느낄 수 있다. 마치 프랑스 파리의 몽마르트르 언덕이나 인도네시아 발리의 우붓 시장처럼 개인이 만든 미술품과 공예품을 많이 판매하고 있다. 여타 다른 야시장처럼 패션 상품이나 기념품도 물론 판매하지만, 전체적으로 봤을 때 예술품 판매 비중이 절반 이상인 독특한 시장이다. 미술이나 공예에 관심이 많은 사람이라면 분명히 즐거운 시장 구경이 될 것이다.

시카다 마켓 내에는 크고 작은 공연장과 함께 다양한 조형물들이 전시되어 있다. 공연장에서는 시간에 맞춰 다양한 버스킹 공연을 하기도 한다. 이렇듯 시카다 마켓은 단순히 예술품을 판매하는 시장의 기능을 넘어, 마치 복합적인 문화예술 공간과 같았다. 마켓 내에 예쁜 사진을 찍기 좋은 장소도 많이 있으며, 일반적인 태국의 야시장에 비해 여유롭고 힙한 느낌을 주는 젊은 감성의 야시장이라고 할 수 있다.

또한 다양한 먹거리들을 판매하는데, 다른 야시장들과는 판매하는 방식이 달랐다. 시카다 마켓 내에는 먹거리를 파는 부스들이 한 장소에 모여 있는데, 부스 곳곳에 음식 쿠폰을 판매하는 장소에서 미리 쿠폰을 구매해서 음식 판매 부스에 제출하는 방식으로 먹거리를 구매하게 된다.

예를 들어 100바트를 주고 음식 쿠폰을 구매하면 총 6장의 쿠폰을 받는데 50바트 1매, 20바트 1매, 10바트 2매, 5바트 2매로 나눠진 쿠폰을 받아서 음식 판매 부스에 제출하게 된다. 내가 먹고 싶은 음식이 60바트라면 50바트짜리 쿠폰 1매, 10바트짜리 쿠폰 1매를 부스에 제출하면 되는데, 이런 방식으로 음식을 구매하다 보니 결과적으로 소액의 쿠폰은 남게 되는 단점은 있었다.

게다가 일반적인 태국의 야시장에 비해 음식 가격이 조금 더 비싸기도 했지만 너무하다 싶을 정도는 아니다.

주말에만 즐길 수 있는 시카다 마켓은 태국 내에서도 쉽게 찾아볼 수 없는 현대적인 야시장인 만큼 주말에 후아힌을 방문했다면 꼭 가볼 것을 추천한다. 일반적인 태국의 야시장들이 그렇듯 붐비기 시작

| 시카다 마켓, 현대적인 감각이 접목된 새로운 형태의 야시장이다.

하는 시간은 오후 6시부터다. 우리가 알고 있는 태국의 야시장들과는 완전히 다른 이미지를 가진 곳이어서 신선한 충격을 받게 될 것이라고 생각한다. 후아힌에는 상시 열리는 큰 규모의 야시장도 있으므로 평일에 후아힌에 방문했다고 하더라도 너무 큰 실망은 하지 않기를 바란다. 후아힌을 대표하는 야시장들, 개인적으로도 강력 추천하는 장소들이니 여행 코스를 짤 때 저녁 시간을 최대한 활용해 야시장 투어를 즐겨보기 바란다.

03

# 원숭이 사원 카오 타키압, 왕들의 동상이 있는 라차팍 공원

후아힌은 방콕과 함께 연계해서 여행할 수 있는 대표 휴양지인 파타야를 대체할 수 있는 여행지이다. 상대적으로 해양 컨디션이 약간 떨어지기에 파타야에 비해 해양스포츠를 즐기기에는 아쉬운 점, 그리고 파타야에 비해 저속하거나 퇴폐적인 분위기의 장소가 거의 없어 연인과 함께 혹은 가족과 함께하는 여행에 적합한 특성을 가진 점 또한 언급했다. 파타야는 잘 알려진 태국의 대표 휴양지인 만큼 섬 투어 및 호핑 투어, 다양한 해양스포츠와 둘러보기 좋은 이색적인 장소 등이 갖춰져 있지만, 후아힌은 지역 자체가 많이 알려진 편이 아니어서 후아힌에 방문했을 때 어딜 가보면 좋을지 궁금해하는 경우가 많다.

후아힌은 파타야에 비해서는 확실히 휴양에 초점이 맞춰진 여행지인 만큼 여행 중 투어나 액티비티에 할애하는 시간에 비해 고급스러운 리조트나 풀 빌라에서의 호캉스 및 휴양에 시간을 좀 더 들이는 경향이 있다. 여러 여행사의 패키지 일정표를 살펴보면, 후아힌의 일정표에는 대체로 1일 이상의 자유 일정이 포함된 것을 알 수 있다. 이는 후아힌에서 즐길 거리가 적기 때문에 시간이 남아도는 것이 아니라, 푹 쉬면서 힐링할 수 있는 시간을 갖도록 하는 의도적인 기획에 가깝다.

이것은 신혼여행 패키지에서 좀 더 두드러진다. 많은 커플들이 파타야의 다양한 액티비티를 몸을 써가며 즐기기보다는 후아힌의 럭셔리한 브랜드 리조트에서 푹 쉬면서 필요한 여행만 골라서 하는 스타일을 선호하기 때문이다.

굳이 따진다면 아직은 후아힌에서 즐길 거리가 파타야에 비해 약간 적은 것은 사실이지만, 파타야는 현시점에서 이렇다 할 만한 여행 인프라가 추가적으로 발전하기 어려운 환경을 가진 것에 비해 후아힌은 현재진행형으로 다양한 여행 인프라가 계속해서 갖춰지고 있다.

최근 가장 인기를 누리고 있는 후아힌의 투어로는 코타루섬 호핑 투어, 그리고 바나나바(Vana Nava) 워터파크가 있다. 시간을 들여 배를 타고 이동해야 하는 코타루섬 호핑 투어의 경우, 다양한 포인트에서 스노클링을 즐길 수 있어 수영을 좋아하는 사람들에게는 더할 나위 없는 즐거운 경험을 선사해준다. 섬 자체도 너무 아름다워서 고생해서 배를 타고 온 보람을 충분히 느낄 수 있다. 여행사나 프로그램에 따라 다르지만, 배에서 릴낚시를 하며 잡은 물고기를 회로 먹어볼 수도 있으니 기호에 맞는 사람에겐 이 또한 재미있는 경험이 될 것이다.

우리나라도 워터파크가 많은데 굳이 태국까지 가서 워터파크를 즐겨야 하나, 생각하는 사람들에게도 태국 최대 규모의 워터파크 중 하나인 바나나바는 새롭게 느껴질 것이다. 바나나바에는 태국에서도 가장 큰 규모를 자랑하는 깔때기 모양의 워터 슬라이드 'ABYSS'와 함께 국내에서는 보기 힘든 이색적인 워터파크 어트랙션이 많이 있고, 대기가 짧아 수월하게 슬라이드와 어트랙션을 이용할 수 있다. 우리나라에서는 30분 이상 대기해야 탑승할 수 있는 부메랑고도 이곳 바나나바에서는 사람이 많을 때 기준 약 10분 정도만 대기하면 쉽게 탑승할 수 있다. 태국의 물가를 생각하면 입장료가 비싸다고 생각할 수도 있지만 한국의 워터파크 입장료를 생각한다면 절반 이상 저렴하므로 가격 부분에서도 경제적이다. 참고로 후아힌 홀리데이 인 혹은 인터콘티넨털과 같은 IHG 계열의 숙소에서 숙박하면 바나나바 워터파크 무료입장이 가능하다.

사실 앞에서 언급한 섬 투어나 워터파크의 경우, 태국의 대표 휴양지 어디에 가도 다 있다. 단지 섬이 얼마나 더 아름다운지, 워터파크 규모가 얼마나 큰지 등의 차이만 있을 뿐이다. 그렇다 보니 후아힌에서만 볼 수 있는 뭔가를 찾는 여행객들도 있는데, 이런 여행객들에게 추천할 만한 장소가 두 군데 있다.

첫 번째는 '라차팍 공원'이다. 후아힌 시내에서 차량으로 약 20분 정도 남쪽으로 내려가면 나오는 작은 공원이다. 이 공원 자체는 태국의 여타 작은 공원들과 차이가 없기 때문에 매력을 느끼지 못할 수도 있다. 하지만 공원에 들어서면 보이는 거대한 태국 국왕의 동상들에서 이 공원이 갖고 있는 역사적인 특별함을 느낄 수 있다.

라차팍 공원은 2015년 설립된 공원으로 영문 표기는 'Rajabhakti Park'인데, Rajabhakti는 태국어로 '군주에 대한 충성심으로 지어짐'을 의미한다고 한다. 공원 입구에서부터 볼 수 있는 청동 동상들은 그 높이가 약 14m 정도로 매우 거대하며, 일곱 명의 태국 국왕의 역동적인 모습을 잘 표현하고 있다. 수코타이 시대부터 현재의 짜끄리 왕조까지, 가장 유명하면서 존경받던 일곱 명의 국왕 동상과 함께 그들의 업적, 그 시대의 역사를 알 수 있는 곳이다. 태국 역사에 관심이 있는 사람이라면 꼭 한 번 들려 보길 권장한다.

후아힌이 '왕실의 휴양지'라는 별칭이 있는 장소인 만큼 라차팍 공원이 갖는 의미는 크다고 할 수 있으며, 그래서 대부분의 여행사 후아힌 패키지 프로그램에 포함된 장소이기도 하다. 공원의 규모가 크지 않아 돌아보는데 30분~1시간 정도면 충분하다. 단지, 공원에 그늘이 거의 없어서 강한 햇빛에 대비할 수 있는 선크림, 모자, 양산 등을 잘 챙기는 게 좋다.

두 번째는 바로 카오 타키압 사원이다. 라차팍 공원이 후아힌 패키지 투어에 기본적으로 포함된 장소라면, 카오 타키압 사원은 반대로 패키지 투어에 거의 포함되지 않은 장소다. 그래서 패키지로 여행을 왔다면 일부러 자유 시간에 가야만 하는 번거로움이 있는 장소이기도 하다. 게다가 태국에는 수많은 사원이 있고, 상대적으로 관광 명소로 손꼽히는 사원들에 비해 카오 타키압 사원은 그다지 예쁘지도 않고, 규모가 큰 편도 아니다. 일부러 찾아가야 하는 번거로움과 함께 관광지로서의 메리트도 없는 작은 사원 카오 타키압, 과연 어

┃ 카오 타키압 사원의 명물 해수관음상, 한국에서 흔히 볼 수 있는 불상의 모습과는 다르다.

떤 곳일까?

이 사원을 대표하는 두 가지 키워드 중 하나는 바로 '해수관음상'이다. 카오 타키압 사원은 후아힌 시내 남부 해변에 있는데, 바다 옆 절벽에 지어져 사원에서 바라보는 아름다운 오션뷰가 일품이다. 그리고 오션뷰를 볼 수 있는 뷰 포인트에는 아득히 먼 바다를 바라보는 거대한 해수관음상과 천수관음상 등의 불상이 자리하고 있다. 양양 낙산사나 부산 해동용궁사의 해수관음상과 비교해봐도 좋다.

태국의 불교는 한국의 불교와는 다른 종파이기 때문에 불상이나 사원의 전체적인 모습 등에서 다른 점을 발견할 수 있고, 사원의 인테리어도 중국의 영향을 받았음을 알 수 있다. 태국 후아힌의 탁 트

| 카오 타키압 사원에 살고 있는 야생 원숭이들은 사람을 무서워하지 않는다.

인 멋진 바다와 함께 이색적인 불교의 모습을 한곳에서 만날 수 있기 때문에 희소성이 있는 사원이라고 생각한다.

또 하나의 키워드는 '야생 원숭이'다. 사원의 입구에서부터 해수관음상이 있는 장소까지 많은 야생 원숭이들이 무리를 지어 사는 모습을 볼 수 있는데, 얼마나 오랫동안 그 자리에서 살았는지 낯선 사람이 가까이 다가가도 전혀 무서워하지 않는다. 태국을 비롯한 인도네시아 등의 동남아시아 여행지, 가깝게는 일본에서도 야생 원숭이를 어렵지 않게 볼 수 있으나, 관광 명소가 아닌 그저 작은 바닷가 사원에서 이렇게 많은 원숭이를 볼 수 있으리라곤 나 역시 상상하지 못했다.

가까이서 원숭이를 구경할 수 있다는 장점, 원숭이를 곁에 두고 사진을 찍을 수 있다는 장점이 있어 원숭이를 좋아하는 사람이라면 한 번 정도 카오 타키압 사원을 가보는 것도 좋다. 하지만 원숭이들이 사람에게 그다지 호의적이진 않아 여행에 주의가 필요하다. 반짝이는 물건을 보면 훔쳐 가려는 습성이 있어 관광객 중 일부는 원숭이에게 선글라스나 스마트폰을 뺏기기도 한다. 게다가 원숭이에게 먹이를 주려는 순간 공격당할 수도 있으므로 이 또한 주의해야 한다.

이번에 소개한 두 장소, 라차팍 공원과 카오 타키압 사원은 두 장소의 거리가 꽤 가까운 편이어서 자유 여행을 즐긴다면 함께 묶어서 돌아보면 좋을 것이다. 두 곳 모두 입장료가 따로 없으며, 짧은 시간에 가볍게 다닐 수 있는 여행지다. 태국의 다른 지역에서는 보기 어려운 독특한 분위기를 가진 여행지이므로 후아힌에 방문할 계획이라면 두 장소를 포함해 여행 코스를 만들어 보는 것은 어떨까?

04

# 후아힌에는 왜 럭셔리 리조트들이 많을까?

지금까지 후아힌이라는 여행지에 대하여 관광과 휴양, 분위기 등을 파타야와 비교하며 살펴보았다. 과연 후아힌이 동남아시아 최고의 휴양지 중 하나인 파타야를 대체할 수 있는지에 대해 이야기했는데 꼭 짚고 넘어가야 하는 게 바로 숙소, 리조트일 것이다. 후아힌과 파타야 모두 뛰어난 퀄리티의 숙소가 많은 지역이지만, 그 속을 들여다보면 의외의 차이점을 발견할 수 있다.

후아힌에는 후아힌 비치를 중심에 두고 남쪽과 북쪽 해변 주변으로 많은 리조트가 자리하고 있다. 가성비 좋은 리조트를 시작으로 초호화 리조트들까지 많이 있는데, 이는 파타야와 비교된다. 파타야 또한 파타야 비치를 중심으로 리조트들이 자리하고 있고, 그 수로만 따진다면 후아힌보다 훨씬 많다. 하지만 후아힌과 파타야 중 어느 지역에 럭셔리한 리조트가 더 많은가를 따진다면 단연 후아힌 쪽이 더 많다고 이야기할 수 있겠다. 후아힌에는 우리가 흔히 아는 초호화 브랜드 리조트들이 많은 것에 비해, 파타야에는 상대적으로 우리가 잘 모르는 태국 브랜드 혹은 이름이 알려지지 않은 브랜드의 리조트들이 많다.

그 첫 번째 이유는 후아힌은 파타야에 비해 상대적으로 늦게 개발된 후발 주자 여행지라는 점이다. 파타야는 명실상부 태국 최고의 휴양지임과 동시에 푸켓과 함께 태국에서 가장 먼저 발달한 1세대 휴양지이다. 파타야가 막 휴양지로 주목받기 시작했던 과거에는 다양한 브랜드의 리조트들이 앞다투어 생겨났고, 현재까지도 힐튼이나 인터콘티넨털 등과 같은 유명 브랜드의 리조트가 일부 파타야에 남아 있다.

하지만 후아힌을 비롯해 태국 내 많은 지역이 새롭게 휴양성 관광지로 떠오르면서, 아름다운 자연환경 및 수많은 여행 인프라를 갖춘 새로운 여행지에 호화 브랜드 회사들이 리조트 사업 투자를 하기 시작했다. 그 과정에서 일부 브랜드 리조트들은 1세대의 낡은 휴양지 파타야에서 철수했고, 현재는 파타야 내에서 최고급 호화 브랜드 리조트라고 불릴 만한 곳이 인터콘티넨털 정도밖에 없다. 물론 파타야 내에도 아바니 브랜드와 같은 4~5성급 리조트들과 힐튼이나 코트야드 바이 메리어트처럼 어퍼 업스케일 혹은 업스케일 브랜드의 숙박업소들이 많지만, 우리가 흔히 아는 브랜드 리조트들은 사실상 많이 없다.

앞에서 소개했던 코사무이와 같은 휴양지에는 수많은 초호화 브랜드 리조트들이 작은 코사무이 내에 많이 들어와 있다. 아마 공간

대비 지어진 호화 브랜드 리조트의 수로만 따진다면 단연 태국 내에서도 코사무이에 가장 많겠지만, 휴양성 여행지의 신흥 강자로 떠오르는 후아힌 내에도 많은 수의 브랜드 리조트들이 있다. 태국 내 새로운 휴양지로서의 가능성을 본 리조트 브랜드들이 후아힌에 투자했는데, 파타야에 있었던 인터콘티넨털과 아바니, 힐튼을 비롯한 쉐라톤, 아난타라, 모벤픽, 두짓타니 등의 럭셔리 브랜드들이 해당된다.

그리고 이러한 호화 브랜드 리조트는 리조트 내에서 즐길 수 있는 다양한 부대시설 및 액티비티들이 존재하며, 리조트에서만 머물더라도 호캉스를 즐기는 데 큰 문제가 없다. 예를 들어 태국 내 최대 규모의 워터파크인 바나나바 또한 후아힌 내에 있는 인터콘티넨털 리조트 혹은 홀리데이 인에서 투숙 시 무료로 입장할 수 있다는 장점도 있다.

두 번째 이유는 바로 후아힌이 파타야에 비해 신혼여행 및 가족 여행에 적합한 환경이라는 점이다. 파타야의 경우 휴양지임에도 불구하고 투어의 비중이 매우 높다는 특징을 가지고 있는데, 다양한 관광명소, 다양한 액티비티 및 해양스포츠들 덕분에 파타야에서는 룸에 있는 시간보다 상대적으로 밖에서 보내는 시간이 길어지게 된다.

특히 파타야는 여행지의 특성상 유흥이 차지하는 비중이 매우 높아 외부 활동이 많고 숙소는 잠만 자는 기능으로 활용되는 경우가 대부분이다. 이런 다양한 이유들 때문에 여행객들이 적정 수준 이상의 퀄리티를 갖춘 가성비 좋은 리조트를 찾으려는 경향이 있다. 물론 파타야를 방문하는 모든 여행객이 다 그렇다고 할 수는 없지만,

상대적으로 파타야를 찾는 여행객들은 푸켓, 코사무이, 후아힌 등의 휴양성이 강조되는 여행지를 찾는 여행객들에 비해 숙소에 큰 비중을 두지 않는 편이다.

후아힌은 아무래도 파타야에 비해 휴양성이 더 높은 여행지인 만큼 좋은 숙소에 머물며 휴식 및 호캉스를 즐기고자 하는 경우가 많은데, 특히 이 부분은 신혼여행에서 크게 두드러진다.

이는 비단 한국의 이야기만은 아니며, 우리와 가까운 일본이나 중국부터 멀리서 온 서구권 여행객들까지 신혼여행으로 후아힌을 많이 찾는 것을 생각하면, 브랜드 리조트들이 왜 후아힌이라는 지역에 투자해 호화로운 리조트를 짓는지 알 수 있다. 최근에는 단순한 고급 리조트를 넘어 더욱 럭셔리한 풀 빌라 카테고리를 갖춘 리조트들이 수많은 신혼 여행객에게 인기를 끌고 있으며, 이를 반영해 많은 브랜드 리조트가 추가로 풀 빌라 카테고리를 늘려가고 있는 실정이다.

여행사에서 신혼여행 상품을 판매하던 당시 후아힌 상품은 태국 내에서도 '베이비 허니문', 즉 결혼 전 이미 임신을 한 임산부가 신혼여행을 떠나기에 적합한 조건을 갖춘 여행 지역임을 어필해 패키지 여행 상품을 판매했다. 후아힌은 항공편으로 방콕 공항을 이용하므로 동남아시아 최고의 신혼여행지인 푸켓이나 발리보다 편도 비행시간이 1시간 이상 짧고 경유편을 이용할 필요도 없어 비행기 탑승에 대한 부담이 덜하다는 점, 세부나 보라카이 등의 지역과는 달리 투어 프로그램이 전반적으로 휴양에 맞춰 있다는 점에서 베이비 허니문에 적합하다. 이와 동시에 이름있는 호화로운 리조트에서 제대로 휴식을 취할 수 있다는 점도 긍정적으로 어필할 수 있다.

후아힌은 베이비 허니문뿐만 아니라 아이와 함께 떠나는 가족 여행으로도 인기가 많은데, 실제로 후아힌을 여행하는 유러피언 대부분은 아이들을 동반한 가족 단위라는 점이 특징적이다. 이러한 수요 때문에 브랜드 리조트 회사들 또한 현재 진행형으로 규모가 크고 다양한 부대시설을 갖춘 휴양 콘셉트의 가족 친화적인 리조트를 많이 만들고 있다.

이처럼 호화로운 브랜드 리조트가 후아힌에 많이 생기는 것은 곧 숙박비가 비싸진다는 것을 의미하기도 한다. 신혼여행이나 가족 여행으로 후아힌을 찾는다면 고가의 숙박료를 지불하고 제대로 호캉스를 즐길 수도 있겠지만, 배낭 여행객이나 친구들끼리 여행을 온 경우 예산 문제로 브랜드 리조트에서 투숙하기 어려울 수도 있다. 이 경우에는 파타야에 비해 중저가형 호텔이나 리조트에 대한 선택지가 적은 편이므로 숙소 선택에 약간의 고민이 필요할 수 있다.

그래서 후아힌이 파타야를 대체할 수 있는 휴양지가 될 수 있을지에 대한 질문은 무조건 'YES'라고 답하기 어려운 것이다. 후아힌과 파타야는 방콕에서 가장 접근하기 좋은 휴양지라는 점에서는 공통점을 가지고 있지만, 지역이 가진 여행 콘셉트나 숙박 사정은 상당히 다르다. 그렇기 때문에 어떤 콘셉트로, 어떻게 즐기고 올 것인지 대한 고민이 먼저 필요하고, 이에 맞춰서 여행지를 선택하는 것이 무엇보다 중요하다. 후아힌이라는 지역은 분명 매력 있는 지역이지만, 어떤 여행객이냐에 따라 느껴지는 만족도는 분명히 차이가 있을 테니까 말이다.

# Chapter 5

# 파타야

01

# 태국의 1세대 휴양지 파타야, 지금은 한물갔다고?

누군가에게 태국에서 제일 유명한 휴양지가 어디인지 묻는다면, 십중팔구 푸켓과 파타야를 이야기할 것이다. 이 지역들은 태국을 넘어 동남아시아 내에서도 손꼽히는 유명 휴양지인데, 필리핀의 보라카이와 세부, 인도네시아의 발리와 함께 오랫동안 여행객들에게 사랑받는 휴양지이다.

파타야는 태국의 수도인 방콕과 가까운 곳에 있어 도심에서의 다양한 투어와 휴양지에서의 해양스포츠 및 액티비티 등을 함께 엮을 수 있는 최적의 장소다. 방콕에서 파타야까지는 약 150km 정도 떨어져 있어 차량으로 편도 약 1시간 30분~2시간 정도면 어렵지 않게 도착할 수 있다. 이런 장점을 잘 살려 수많은 여행사에서 방콕+파타야 조합의 많은 상품을 판매하고 있다. 현재도 태국 여행을 가보지 못한 사람들에게 여행사에서 1순위로 추천하는 패키지 프로그램이 바로 방콕+파타야 조합 상품이며, 과거 JTBC에서 하나투어와 함께 만든 여행 예능프로그램 〈뭉쳐야 뜬다〉에서 가장 먼저 떠났던 상품 또한 방콕과 파타야 조합 상품이었다. 짧은 시간 안에 태국의 다양한 모습을 볼 수 있으면서도 가성비가 좋아 방콕과 파타야의 조합 패키지 상품은 여행사에서 스테디셀러처럼 판매되고 있다.

오랫동안 사랑받았던 태국의 1세대 휴양지 파타야는 패키지든 자유 여행이든 현재까지도 많은 관광객이 찾는 태국 최고의 휴양지임에는 틀림이 없다. 하지만 파타야에 대한 환상을 가지고 방문하게 되면, 어떤 면에서는 생각했던 것과 달라 괴리감을 느끼게 될 것이다.

먼저 파타야가 단순히 휴양지라고 알고 온 사람들이 느끼는 괴리감인데, 사실 파타야를 '완벽한 휴양지'라고 말하기는 어렵다. 과거 여행사에서 일하면서 고객과 상담할 때 '휴양지가 갖춰야 할 세 가지 요건'을 개인적인 이유를 들어 설명했던 적이 있다. 럭셔리한 브랜드 리조트, 아름다운 자연환경, 그리고 다양한 휴양 인프라를 세 가지 요건으로 설명하곤 했는데, 공교롭게도 파타야에는 이 세 가지 요건이 모두 조금씩 부족하다.

현재 파타야에는 럭셔리한 브랜드 리조트가 많지 않고, 그나마 우리가 알 법한 브랜드는 인터콘티넨털, 힐튼, 아바니 그룹 정도뿐이다. 물론 파타야에도 4~5성급의 리조트들이 많이 있지만, 최근 가장 주목받는 태국의 휴양지인 코사무이와 같은 곳을 비교한다면 사실상 이름있는 최고급 브랜드 리조트는 거의 없다고 볼 수 있다. 파타야는 주변에 아름다운 해변 등 예쁜 자연환경을 어느 정도 갖추고 있으나 코사무이나 크라비, 파타야에서 멀지 않은 코창 및 코사멧과 비교한다면 여러 의미로 아쉽다.

패키지여행으로 파타야를 방문하면 휴양지라고는 생각하기 어려울 정도로 일정이 빡빡하다. 휴양지임에도 불구하고 밖에서 보고 즐길 프로그램들이 일정의 대부분인 만큼 상대적으로 휴양 중심의 인프라가 많이 빠져 있다. 이렇듯 휴양지가 갖춰야 할 요건이 조금씩 모자라는 파타야는, 호캉스를 즐기며 여유롭게 일정을 즐기고자 하는 관광객들에게 적잖은 괴리감을 주게 된다. 물론 위에서 설명한 휴양지가 갖춰야 할 세 가지 요건은 내가 개인적으로 생각하는 부분이라는 점은 오해가 없기를 바란다.

두 번째 괴리감은 파타야 최대의 여행자 거리로 알려진 워킹 스트리트에 들어서사마자 느끼게 된다. 특히 방콕을 여행한 적이 있는 사람일수록 그 괴리감이 더 커지는데, 이는 같은 여행자 거리의 타이틀을 가진 방콕의 카오산 로드와 비교하기 때문이다. 방콕의 카오산 로드는 저녁 때가 되면 마치 거리가 클럽이 된 것처럼 여행객들끼리 어울리며 술도 한잔 즐기고, 거리에서 흘러나오는 신나는 음악에 춤도 추며, 자유롭게 카오산 로드만이 갖는 낭만을 즐길 수 있다.

이곳에선 여러 나라의 다양한 문화를 가진 사람들과 어렵지 않게 친구가 될 수 있고, 그 친구들과 함께하며 친분을 쌓는 재미가 있다. 말 그대로 '여행자 거리'라는 이름이 잘 어울리는 장소이다. 하지만 같은 타이틀을 가진 파타야의 워킹 스트리트를 방문하면 카오산 로드와는 너무 다른 분위기에 깜짝 놀라게 될 것이다. 여행 블로그나 여행 가이드 도서의 설명에는 파타야의 워킹 스트리트가 여행자들을 위한 거리로 명시되어 있어 '워킹 스트리트는 카오산 로드와 비슷한 분위기의 장소'라고 생각하고 방문하는 것 같다.

실제로 워킹 스트리트는 카오산 로드의 여행자 거리와는 달리 저속한 이미지가 강한 곳이다. 현지 여성과 함께 술을 마시거나 성 매매까지 이어질 수도 있는 많은 아고고 바나 클럽, 성인만을 위한 퇴폐적인 쇼를 볼 수 있는 장소가 많으며, 최소한의 옷만 입은 여성 종업원들이 길거리 바에서 아무렇지도 않게 봉춤을 추는 모습도 쉽게 볼 수 있다. 워킹스트리트에 들어서자마자 바로 카오산 로드와는 완전히 다른 곳이라는 것을 깨닫게 되는데, 문화적인 차이라고 이해하는 사람도 있겠지만 누군가는 이런 장소가 불편할 수 있다. 게다가 이런 워킹 스트리트와 같은 퇴폐적인 장소가 파타야 내에 상당수 존재한다는 점 또한 파타야를 처음 방문하는 사람들을 놀라게 한다.

그렇기 때문에 태국 여행을 하는 사람에게 파타야라는 지역을 추천하기 어렵다. 파타야가 가진 여행 성향이 잘 맞지 않는 그룹은 아이를 동반한 가족 여행 혹은 신혼여행을 떠나고자 하는 여행객이다. 초호화 브랜드 리조트가 많지 않아 럭셔리한 호캉스를 즐기기 어려운 데다 저속하고 퇴폐적인 장소가 곳곳에 있는 파타야의 특성상 추천하지 않는다. 특히 신혼여행 패키지 시장에서는 과거 파타야 상품을 판매했으나 현재는 파타야 상품을 판매하는 여행사는 거의 없다. 천혜의 아름다움을 간직한 코창이나 코사멧으로 신혼여행을 떠나는 커플들이 가는 길에 잠깐 들러 파타야의 맛만 보는 정도의 프로그램만 존재할 뿐이다.

그렇다면 파타야 여행은 이제 한물간 것일까? 너무 저속해진 이미지 때문에 여행으로 부적절한 지역이 된 것일까? 꼭 그렇지만은 않다. 파타야가 가진 가장 큰 강점인 방콕과의 접근성은 현시점에서는 태국 내 어떤 휴양지도 따라올 수 없다. 이는 수많은 여행사에서 태국 여행이 처음인 관광객에게 방콕과 파타야라는 각양각색의 두 마리 토끼를 잡을 수 있는 장점을 어필하는 힘이 된다.

파타야 내에는 저렴한 가격에 일정 수준 이상의 컨디션을 갖춘 호텔이나 리조트는 수도 없이 많다. 가성비를 생각한 여행을 계획한다면 파타야의 수많은 호텔과 리조트들은 여행객들에게 다양한 선택지를 제공하여 줄 것이다. 워킹 스트리트와 같이 저속하고 퇴폐적인 이미지를 가진 장소들이 많지만 이 또한 하나의 문화 차이라고 생각하며 여행이 주는 새로움을 경험해본다고 접근한다면 다른 시각으로 파타야를 바라볼 수 있다. 특히 가족이나 커플이 아닌 친구들끼리 함께하는 여행이라면 태국의 이색적인 모습을 즐길 수 있는 파타야 여행을 추천한다.

파타야는 태국의 1세대 휴양지인 만큼 예전 같지 않다느니, 여행에 적합하지 않다느니 하는 부정적인 이야기가 분명히 존재하는 곳이다. 하지만 1세대 휴양지인 만큼 태국 내 수많은 여행지 중에서 가장 발달한 장소이기도 하고, 가장 볼거리와 즐길 거리가 많은 지역이기도 하다. 여전히 태국 내 가장 많은 여행객이 방문하는 장소이기도 하고, 가장 인기 있는 여행지이기도 한 파타야. 여행 콘셉트에 있어서 장단점이 분명한 장소인 만큼 어떤 점이 좋고 나쁜지, 어떤 부분이 자신의 여행과 잘 맞거나 잘 맞지 않는지를 알고 여행 준비를 해야 한다.

파타야는 여행사 입장에서도 가장 판매가 잘 되는 고마운 여행지임에는 틀림없다. 그러나 이런 장단점이나 특징을 세세한 부분까지 설명하지 않는 경우가 많기에 여행을 준비하는 사람들이 먼저 지역에 대한 정보를 준비하거나, 상담사에게 여행에 대한 콘셉트를 상의하는 것이 매우 중요하다. 아이를 동반한 가족 여행으로 파타야에 갔다가 괜히 맥주 한잔 즐기겠다고 가족과 함께 워킹 스트리트를 가면 예상치 못한 상황이 생길 수도 있다는 점, 잊지 말아야 할 것이다.

02

# 파타야 투어의 핵심이자 해양스포츠의 정석, 코란 투어

방콕이나 치앙마이 등의 일부 여행지를 제외하면, 태국 내 다양한 여행지에서 호핑 투어와 같은 섬 투어 및 해양스포츠를 어렵지 않게 즐길 수 있다. 태국 내 상당수의 여행지는 휴양지의 이미지를 가지고 있는 데다 천혜의 자연경관, 에메랄드빛 바다를 볼 수 있는 장소가 많아 수영을 좋아하는 사람들에게 있어 천국과도 같은 곳이다. 수영과 같은 해양스포츠를 좋아하는 여행객들은 태국의 다양한 휴양지로 여행을 떠나게 된다. 이는 비단 한국의 이야기만이 아닌, 이웃 나라인 일본과 중국을 비롯해 유럽, 서구권 국가의 여행객들 또한 이런 아름다운 환경에서의 해양스포츠를 선호하는 편이다.

파타야 또한 아름다운 바다와 좋은 해양 환경을 갖추고 있는 만큼 다양한 해양스포츠 및 호핑 투어를 즐기기 좋지만, 파타야의 환경에 대하여 알고 방문하지 않는다면 여행 중 당혹스러운 상황이 발생할 수 있다. 태국 최고의 휴양지로 알려진 파타야의 바다, 과연 우리가 아는 만큼 혹은 여행사에서 설명하는 것처럼 괜찮은 곳일까?

일단 파타야 시내를 끼고 있는 메인 비치에 대해 이야기해보자. 후아힌 파트에서 언급한 대로 후아힌의 해변은 파타야에 비해 해양 컨디션이 떨어지는, 마치 한국의 동해나 남해 해변과 비슷하다고 이야기한 바 있다. 이것은 우리가 예쁜 바다라고 인식하는 '맑게 비치는 바다', '에메랄드빛 바다'를 후아힌에서 보는 것이 사실상 어렵기 때문에 파타야에 비해 해양 컨디션이 떨어진다고 표현한 것이다. 후아힌의 비치 앞바다는 파도를 비롯한 주변 환경들 때문에 에메랄드빛 바다를 보기 어려운 것이다. 파타야의 메인 비치에서 바라보는 바다는 상대적으로 후아힌보다 예쁘고 맑은 에메랄드빛을 띤다. 날씨가 좋은 날은 바다가 좀 더 아름답게 빛나며, 부서지는 파도와 예쁜 해변을 보고 있으면 청량해지는 느낌을 받을 수 있다.

하지만 이는 어디까지나 파타야의 해변을 겉으로만 보았을 때의 이야기이다. 파타야 앞바다에서 수영을 즐기는 여행객은 많지 않은데, 이는 후아힌 앞바다에서 많은 수의 여행객이 수영을 즐기는 모습과 비교된다. 일단 파타야의 앞바다는 수질이 좋지 않다. 1세대 휴양지들이 가진 고질적인 문제점일 수도 있는데, 많은 관광객이 과거부터 꾸준히 방문해 해수욕을 즐겼던 장소였기에 그만큼 쓰레기 등의 문제로 오염된 장소가 많다. 겉으로 봤을 때는 바다가 아름다워 보이지만, 조금만 자세히 들여다보면 해변과 바다의 상태가 그다지 좋지 않은 것을 어렵지 않게 확인할 수 있다.

파타야와 비슷한 상황의 여행지로 필리핀의 보라카이가 있는데,

과거 보라카이 해변 또한 매우 아름다웠지만 무분별한 관광객 유치로 인한 쓰레기 문제 때문에 한때 골머리를 앓은 적이 있다. 보라카이에서는 최근 국가적 차원에서 해변을 몇 개월간 폐장하고 청소하는 강수를 두어 관광 부분에서 큰 손실을 보았지만, 그만큼 최근 해변이 깨끗해져서 결과적으로는 긍정적인 상황을 만들어 냈다. 하지만 파타야는 보라카이와는 달리 아직 이렇다 할 만한 특별한 조치를 하지 않았기에 현재까지도 해변과 앞바다의 수질이나 컨디션이 좋지 않은 상태다.

파타야 해변 주변의 환경 또한 문제가 있다. 메인 비치 근처에는 유흥을 위한 거리가 많이 있다. 남성 혼자 혹은 남자들끼리 파타야의 해변을 따라 걷고 있으면 밤이건 낮이건 직업 여성들이 말을 걸어오며 돈을 목적으로 한 만남을 제안해온다. 어떤 여행객들은 이런 유혹에 넘어가 호텔로 데려와 보니 수술이 덜 끝난 트랜스젠더였다거나, 혹은 호텔에서 개인 물품을 도난당했다느니 하는 문제들이 쉽게 발생한다. 게다가 밤의 파타야 해변은 노숙자들도 많아서 밤바다의 환경이 좋다고는 할 수 없다.

파타야의 해변은 딱 관상용으로만 아름답다고 이야기하는 것이 옳을 것 같다. 낮이나 해가 지는 초저녁에 해변 근처 식당에서 멋진 오션뷰와 함께 맛있는 음식을 먹는다면 꽤 괜찮다. 많은 외국 여행객이 그렇듯 아침 일찍 해변 근처에서 가볍게 조깅하며 하루를 시작하는 것도 나쁘지 않다. 파타야의 아름다운 해변은 수영을 즐기기에도 적합하지 않고, 일부 주변의 환경이 썩 좋은 편도 아니지만, 그저 바라보며 힐링하기에 좋다. 생각해보면 참 아이러니한 일이 아닌가.

하지만 파타야는 여전히 예쁜 바다를 가진 곳, 다양한 해양스포츠를 즐기기 적합한 곳 등으로 홍보가 이루어지고 여행사에서도 이를 적극적으로 수용해 상담에 활용하고 있다. 여행사를 방문해 상품 관련 상담을 받을 때, 태국을 처음 가는 여행객이 태국의 느낌을 살리면서 동시에 해양스포츠도 즐기고 싶다고 어필한다면 상담사는 큰 고민 없이 방콕+파타야 조합 상품을 추천할 것이다. 파타야의 해변은 수영에 적합하지 않은데, 어째서 이런 상품을 추천하는 것일까?

수많은 여행사에서 판매하는 파타야 패키지여행의 일정표를 살펴보면, 특별한 경우를 제외하고 반드시 포함된 투어가 있다. 바로 '산호섬 투어'이다. 우리가 흔히 아는 파타야에서의 해양스포츠는 모두 산호섬 투어와 연계하여 이루어진다고 볼 수 있다. 최근 파타야의 패키지여행 프로그램 중 고가의 럭셔리 프로그램에는 산호섬 투어를 대체한 '요트 크루즈 투어'도 있는데 단지 스피드 보트를 타느냐 뛰어난 퀄리티의 요트를 타느냐에만 차이가 있을 뿐 섬 투어에서 즐기는 해양스포츠의 질적인 차이는 없다.

산호섬으로 표기된 일정은 파타야 인근에 있는 작은 섬 '코란'에서 이루어진다. 파타야의 발리 하이 선착장에서 스피드 보트 기준 약 30분 정도면 도착할 수 있는 장소다. 일반적으로 패키지를 통해 산호섬 투어를 진행할 경우, 픽업 가이드가 호텔에서 여행객을 픽업해 발리 하이 선착장으로 도착한 후 스피드 보트로 갈아타게 된다. 발리 하이 선착장에서 산 방향으로 보면 거대한 'PATTAYA CITY'라는 글씨가 눈에 띄는데, 랜드마크와 같은 이곳에서 여행객들이 사진을 남기곤 한다.

| 발리 하이 선착장의 'PATTAYA CITY', 글씨 간판은 파타야를 대표하는 랜드마크가 되었다.

코란에 도착하게 되면 옵션으로 선택한 해양스포츠를 즐길 사람들과 옵션 투어를 선택하지 않은 사람들을 따로 모으게 된다. 옵션 투어를 선택하지 않은 사람들은 코란 앞바다에 자리를 잡고 해변에서 각자 자유 시간이나 해수욕 및 스노클링을 즐기게 된다. 수심이 얕은 편이어서 수영을 못하는 사람도 해변에서 즐겁게 시간을 보낼 수 있다. 보통 3시간 전후의 자유 시간이 주어진다.

해변 뒤편으로 작게나마 식당이 있어 가볍게 간식을 사 먹을 수 있고, 기념품을 판매하는 곳도 있어 시간을 보내기 나쁘지 않으며, 비치된 선베드 주변으로 발 마사지를 유료로 해주는 사람들이 있어서 마사지를 받으며 시간을 보내도 좋다. 코란의 해변은 파타야 시

| 산호섬 투어, 코란에서 만날 수 있는 에메랄드빛 바다.

내나 호텔에서 볼 수 있는 해변보다 훨씬 아름다워서, 그냥 멍하니 바라보고만 있어도 분명 힐링이 될 것이다.

코란 투어 중 가이드를 통해 추가료를 내고 옵션 투어를 진행한다면, 금전적인 문제가 없는 한 우리가 알고 있는 해양스포츠는 거의 다 해볼 수 있다. 그 정도로 코란에서 즐길 수 있는 해양스포츠는 다양한데 바나나 보트, 제트스키, 패러세일링, 스킨스쿠버, 씨워킹 등 원하는 해양스포츠를 골라서 즐기는 것이 가능하다.

코사무이 여행 중 방문할 수 있는 낭유안섬이나 카오락 인근의 시밀란섬에서는 매우 제한적인 해양스포츠만 가능했던 것을 생각하면, 상대적으로 코란에서 즐길 수 있는 해양스포츠의 종류는 엄청나게 많은 것이다. 어떻게 생각하면 코란이 낭유안섬이나 시밀란섬

만큼 완벽한 자연 보호 관리가 이루어지고 있지 않다는 생각도 들고 실제로도 그만큼 아름다운 환경을 가지고 있는 것도 아니지만 여러 차례 태국의 다양한 지역을 여행해본 사람이 아니고서야 섬들을 일일이 하나하나 다 비교하며 여행을 즐기는 경우는 많지 않기에 큰 문제가 되진 않는 것 같다.

파타야의 해변과 산호섬 투어에 대해 간단히 살펴보았다. 바다와 자연을 바라보는 시각은 개개인의 차이가 있을 수 있는 부분이지만, 객관적으로 파타야의 해변은 시각적인 관상용으로만 괜찮은 점, 그리고 수영이나 해양스포츠는 산호섬 투어 중 다양하게 즐길 수 있다는 점 정도는 알고 있으면 좋을 것 같다. 스테디셀러로서 오랫동안 인기를 끌고 있는 파타야 여행 지역의 상품을 판매하는 여행사에서는 파타야의 바다에 대한 긍정적인 부분 위주로만 설명하고자 할 텐데, 여행 상담의 좋은 이야기만 듣기보단 객관적인 장단점을 알고 넓은 시각으로 상품과 일정을 바라볼 수 있어야 할 것이다.

## 03
## 파타야는 매춘의 도시?
## 워킹 스트리트와 부아카오 거리

앞에서부터 계속했던 이야기지만, 최근의 파타야는 가족 여행이나 신혼여행으로는 적합하지 않다. 여러 가지 이유 중 하나인 파타야의 저속하고 퇴폐적인 이미지는 아이와 함께하는 가족 여행이나 새로운 출발을 위한 커플의 신혼여행에는 그다지 적합하지 않다. 파타야에서 가장 유명한 여행자 거리인 워킹 스트리트마저 이런 분위기가 주를 이루는 곳이다 보니, 여행자 거리에 대한 보편적인 이미지를 가지고 워킹 스트리트에 들어선 여행객들에게 적잖은 충격을 주곤 한다.

신기하게도, 여행사를 통한 패키지 프로그램으로 파타야를 방문했을 경우 남는 시간 여부에 따라 여행객들과 함께 워킹 스트리트 투어를 진행하곤 한다. 이 내용이 여행사에서 제공하는 일정표에 기재되어 있기도 하지만 상당수의 패키지 일정표에는 워킹 스트리트 투어가 빠져 있다. 퇴폐적인 이미지를 가진 워킹 스트리트를 돌아보는 투어를 일정표에 대놓고 기재하는 여행사는 많지 않기 때문이다.

하지만 파타야 패키지여행 중 가이드와 일정을 진행하다 보면 여행객 자의에 의해서든, 아니면 가이드의 추천에 의해서든 반드시 워킹 스트리트에 대한 이야기는 나오기 마련이다. 아무래도 파타야가 마치 우리나라 지방 여행을 가듯 손쉽게 자주 올 수 있는 여행지가 아닌 만큼, 가이드로서는 짧은 여행 일정 안에 파타야의 다양한 모습을 보여주고자 하는 것이라고 볼 수 있다. 여행객의 성향에 따라 호불호가 갈릴 수 있지만, 가이드가 투어를 진행하면서 고객들의 성향을 대략 파악한 후 워킹 스트리트 투어 진행 여부를 결정하기에 크게 문제가 되지는 않는다. 오히려 가이드와 함께 워킹 스트리트에 방문하면 단순히 퇴폐적인 장소로만 보이는 이곳의 속사정과 재밌게 즐길 수 있는 포인트 등의 정보를 얻을 수 있기 때문에 만족도가 높은 편이다.

파타야에는 워킹 스트리트를 비롯하여 부아카오 거리, 소이혹(Soi 6) 등 매춘이 활성화된 장소가 많은 편인데, 왜 이렇게 매춘과 관련된 장소가 많은지는 파타야의 과거 역사를 살펴보면 이해할 수 있을 것이다. 과거의 파타야는 태국 어디에도 있을 법한 작은 어촌이었지만, 베트남 전쟁 당시 미군들이 파타야에서 휴가를 보내면서 도시가 발전하기 시작했다. 당시 미국군의 입장에서는 베트남에서 가장 가까운 우방국 중 하나가 태국이었는데, 파타야는 아름다운 바다와 신비로운 자연경관을 갖추고 있으면서 수도인 방콕에서 그다지 멀지 않아 미군들이 휴양을 즐기기에 최적의 장소였다고 한

| 낮에 본 워킹 스트리트, 너무나 조용하고 한적해서 마치 죽은 거리처럼 보인다.

다. 파타야 근처에는 미군 공군부대도 있었기 때문에 미군들의 영향으로 급격한 성장을 할 수 있었고, 미군들을 위한 휴양 시설과 함께 다양한 부대시설이 들어서면서 단순한 어촌 동네에서 화려함을 갖춘 휴양 대도시로 발전하게 되었다.

하지만 미군을 주 관광객으로 성장해온 휴양지였기에, 단순한 휴양의 기능을 넘어 군인들의 사기 증진 및 스트레스로 인해 쌓여 있던 무언가를 해소할 수 있는 매춘 산업이 급격히 발전하게 되었다. 신기하게도 미군 군부대 근처에는 이런 식으로 매춘 산업이 쉽게 발전하게 되는데, 이 사례는 한국에 있는 파주 용주골과 매우 흡사하다. 6·25 전쟁 당시 인근에 미군기지가 들어서면서 그 주변 일대가 거대한 매춘 상권으로 바뀌게 된 것이다. 파타야 내 매춘 상권의 발전이 한국의 과거와 비슷하다는 점에서 전쟁과 매춘 산업은 떼려야 뗄 수 없는 밀접한 관계가 있는 것이 아닐까 생각해본다.

미군이 철수한 후 파타야의 인기는 조금 주춤했으나, 가성비 좋은 여행을 강조하는 공격적인 마케팅을 진행하여 수많은 유러피언과 일본인 여행객들의 관심을 끌었다. 유럽이나 일본과 같은 강대국들에 비해 상대적으로 물가가 낮았던 태국이었기에 가능한 전략이었으며, 이런 전략을 토대로 파타야에는 가성비 좋은 호텔과 식당, 여행 인프라들이 구축되기 시작했다. 이 과정에서 여행객들이 '파타야에서는 휴양과 투어, 그리고 매춘까지 모두 저렴하게 즐길 수 있다'라는 이미지를 갖게 되었고, 이러한 이미지는 지금까지도 이어지고 있다.

실제로 지금도 파타야의 골목을 돌아다니다 보면 은퇴한 늙은 서양인 남성 여행객이 젊은 태국 여성과 함께 식사하고, 투어도 같이 하며, 밤거리를 배회하는 모습을 쉽게 볼 수 있다. 특히 서양 여행객들이 많이 몰리는 부아카오 거리에서는 매춘을 즐기는 모습의 관광객들이 길거리에 넘쳐날 정도로 많다. 과거의 파타야가 가지고 있는 매춘 도시의 이미지가 지금까지도 이렇게 일부 여행객들의 모습을 통해 어렵지 않게 발견되는 게 여러 모로 아이러니할 뿐이다.

물론 태국의 매춘 및 성 상품화 등에 대한 모습이 파타야에서만 발견되는 것은 아니다. 매춘 시장의 규모로만 따진다면 태국 내에서도 단연 수도인 방콕이 가장 큰 편이며, 태국에서 가장 유명한 휴양지 푸켓의 빠통 스트리트 안에도 수많은 매춘 관련 업소들이 많은 편이다. 심지어는 상대적으로 많이 알려지지 않은 소규모 휴양지

| 밤의 파타야 골목을 돌아다니다 보면 한국에서는 볼 수 없는 낯뜨거운 모습이 많이 보인다.

인 코사무이 차웽, 크라비 아오낭 시내 뒷골목 어딘가에도 이런 매춘 관련 업소들이 자리하고 있다. 하지만 매춘이나 성매매 등에 대한 이미지를 가장 많이 가진 도시로는 파타야를 따라올 곳이 없다. 앞에서 설명한 대로 태국 내에서도 가장 먼저 매춘 문화가 발달했던 장소임과 동시에 규모가 작은 도시에 이런 매춘 관련 장소가 밀집해서 모여 있는 것이 그 이유라고 할 수 있겠다.

파타야 내에서 매춘과 같은 성매매가 이루어지는 장소는 다양한데, 단순히 매춘을 위한 업소를 포함해 마사지 숍, 사우나, 레스토랑, 바, 커피숍 등 다양하면서도 기상천외한 장소에서 이루어진다. 심지어는 가게나 장소가 아닌 길거리에서도 성매매가 이루어진다. 밤에 남성 여행객 혼자 파타야의 해변이나 어두운 뒷골목을 서성이다 보면 프리랜서 직업 여성이 눈빛을 날리거나 하룻밤의 흥정을 위해 말을 걸어온다. 최근에는 스마트폰을 이용한 다양한 데이트 어플리케이션을 통해 즉석 만남을 흥정하기도 한다. 정말 다양한 장소, 다양한 방법을 통해 성매매가 이루어지며, 한국과 같이 암암리에 숨듯, 성매매가 이루어진다는 느낌은 분명 아니다.

특히 파타야의 워킹 스트리트, 부아카오 거리, 소이혹 등의 거리에는 수많은 아고고 바가 있는데, 이런 형태의 유흥 업소는 국내를 비롯한 다른 나라에서는 보기 어려운 형태의 업소다 보니 매춘을 위해 태국을 여행하는 여행객들에게 인기가 많다. 바 안에서 음료나 술을 구매해 마신다는 점은 여타 다른 바와 다르지 않으나, 바의 여직원에게 이른바 '레이디 드링크'라는 음료를 사 주며 옆자리에 앉혀 이야기를 나누거나 스킨십을 한다는 점에서 차이가 있다.

만일 여직원과 더욱 긴 밤을 보내고 싶다면 아고고 바의 마담과 흥정 후 추가 금액을 지불하게 된다. 아고고 바의 외형만 본다면 태국의 일반 노천 바의 모습과 크게 다르지 않기 때문에, 이 사실을 모른 채 방문하게 되면 굉장히 당황할 수 있다. 기본적으로 아고고 바에서 일하는 여직원들의 복장은 상상을 초월할 정도로 가벼우며, 일부 아고고 바에서는 퇴폐 클럽에서나 볼 수 있는 저급한 쇼를 진행하기도 한다.

건전하게 한잔 즐기러 온 여행객이나 새내기 커플, 신혼부부 등의 여행객들은 깜짝 놀랄 수밖에 없는 것이, 이러한 아고고 바가 단순히 일반적인 여행자 거리라고만 알고 가는 파타야 워킹 스트리트 안에 상당수 자리하다 보니 정보 없이 워킹 스트리트의 밤거리를 여행하는 여행객들에게 커다란 문화적 충격을 주게 되는 것이다.

당연한 말이지만 이러한 매춘과 성매매가 파타야 여행의 모든 것은 절대 아니다. 파타야는 태국의 1세대 휴양지라는 타이틀을 가지고 있는 만큼 가볼 만한 멋진 여행지가 많고, 아름다운 바다에서 다양한 해양스포츠도 즐겨볼 수 있으며, 고급스러운 리조트에서 편하게 호캉스를 즐길 수도 있다. 맛있는 태국 음식을 저렴하게 먹어볼 수도 있고, 쇼핑을 즐길 만한 야시장과 대형 쇼핑몰 또한 있으며, 태국을 대표하는 다양한 쇼도 관람할 수 있다. 그저 파타야의 '매춘'이라는 키워드 하나 때문에 파타야 여행이 저평가되지 않았으면 좋겠다.

하지만 워킹 스트리트나 부아카오 거리 등에서 볼 수 있는 파타야의 밤문화 분위기에 대해 전혀 모르는 상태로 여행한다면, 크게 당황할 수 있는 만큼 최소한의 정보는 알고 가는 것이 좋다. 아이들과 함께한 가족 여행이라면 밤에 현지 느낌 살리며 맥주 한잔 즐기겠다면서 아이를 동반한 채 워킹 스트리트를 방문하지 말라는 이야기다. 새내기 커플이 아무것도 모른 채 소이혹 거리를 지나게 되면 낯부끄러워지는 상황도 발생할 수 있다. 자신의 성향에 맞춰 파타야 여행 계획을 잘 준비해야 하며, 경우에 따라서는 파타야라는 여행지의 성격 자체가 맞지 않을 수도 있으니 참고하기 바란다.

04

# 이색 투어,
# 농 눅 빌리지 & 내륙 투어

여행사 홈페이지에서 파타야 패키지여행에 대해 검색하다 보면 패키지 제목, 일정, 혹은 키워드에 '농 눅 빌리지'라고 기재되어 있는 것을 어렵지 않게 찾아볼 수 있다. 파타야는 에메랄드빛 바다와 인상적인 백사장을 갖춘 아름다운 산호섬에서의 다양한 해양스포츠나 요트 크루즈 투어 등 바다에서 즐기는 투어들이 가장 인기가 많으며 선호도나 만족도 또한 높다. 하지만 이와 마찬가지의 비중으로 농 눅 빌리지라는 장소를 강조하는 여행사 혹은 패키지 프로그램이 꽤 많으며, 여행사에서 제공하는 파타야 풀 패키지 프로그램이 아닌 자유 여행객이 직접 여행사를 통해 이용하는 반일 개별 투어의 소개 페이지에서도 농 눅 빌리지는 가볼 만한 명소로 소개되고 있다.

파타야 해변에서 동남쪽으로 약 20km 정도 떨어진 곳에 있는 농 눅 빌리지는, '농 눅'이라는 할머니의 개인 사유지이다. 위치상 파타야 메인 시내와 가까운 편은 아니라서 개별 교통편을 이용해야 하는데, 패키지여행 프로그램으로 농 눅 빌리지를 방문한다면 프로그램에 호텔에서의 픽업 및 샌딩이 포함되어 크게 문제가 되진 않는다. 단, 자유 여행객이 현장에서 티켓을 구매하려고 하거나 여행사를 통해 티켓 바우처만 구매했을 때는 대중교통을 이용해야만 한다. 이 경우 택시나 그랩 등의 공유 대중교통을 이용하는 게 좋다.

농 눅 빌리지는 일반적인 사유지 이상의 상상을 초월하는 규모를 갖추고 있다. 전체 부지가 약 500에이커 정도 된다고 하는데, 61만 평 이상의 크기다. 실제로 농 눅 빌리지의 주차장에 도착하면 티켓 부스와 입구의 큰 규모에 놀라고 티켓팅 후 입장하면 거대한 규모에 입이 딱 벌어지게 된다. 이곳은 인위적으로 만든 인공 정원이자 잘 꾸며 놓은 수목원 같은 장소인데, 태국 내 인공 정원 중에서는 손에 꼽을 정도의 큰 규모를 자랑한다. 도보로 공원 전체를 꼼꼼히 둘러본다면, 아마 반나절 일정으로도 어려울 것이다. 그래서 일반 여행객들은 예쁘고 핫한 장소, 보고 싶은 장소 위주로 많이 돌아보게 되는 편이다.

인공 정원의 특성상 아이를 동반한 가족들과 함께 즐기기 좋은데, 파타야에서도 얼마 안 되는 가족 지향적인 명소 중 하나다. 가장 아름답고 인기가 많은 나비 정원과 프랑스 정원에서 사진을 찍으면 흔히 이야기하는 '인생 숏'을 남길 수 있다. 또한 이탈리아 정원, 꽃 정원 등 다양한 테마를 가진 십여 개 이상의 정원들이 있어 테마별로 다양한 모습을 볼 수 있다. 다만 유명한 정원들을 제외한 일부 정원들은 관리가 제대로 되지 않은 경우도 있어서 조금은 아쉬웠다.

공원 산책로는 일반적인 길로 이루어져 있고, 프랑스 정원 근처로 나오게 되면 거대한 육교 형태의 통로로 이루어져 있다. 육교 통로로 이동하면 높은 곳에서 정원을 바라볼 수 있는데, 넓은 공원의 웅장한 모습을 직관할 수 있다. 거대한 정원이 내려다보이는 장소는 사진을 찍는 스폿이기도 한데, 성수기에는 줄을 서야 할 정도로 인기가 많다. 육교 통로를 따라 이동하다 보면 조금 독특한 장소도 나오는데, 바로 클래식 카 및 슈퍼 카들이 전시된 자동차 박물관이다. 평소에는 볼 수 없는 수십여 대의 독특한 자동차들을 농 눅 빌리지 내 두 군데에 모아 전시해 두었는데, 농 눅 일가의 넘치는 자동차 사랑 또한 알 수 있다.

공원 내에는 아이들이 좋아할 만한 것들도 많다. 대표적으로 다양한 동물들의 조형물이다. 어떻게 보면 살짝 괴기스럽기도 하지만, 공원 곳곳에 있는 다양한 동물 조형물들은 꽤 이색적인 느낌을 준다. 호랑이, 사자, 원숭이, 펭귄, 홍학 등 신기할 정도로 많은 동물의 조형물을 만날 수 있는데, 주변의 정원들과 묘하게 잘 어우러져 농 눅 빌리지를 조금 더 독특한 정원으로 만들어주는 역할을 하는 것 같았다. 공원 안쪽으로는 거대한 공룡들의 조형물까지 있다.

농 눅 빌리지는 다양한 동물들의 조형물을 볼 수 있지만, 실제로 살아 있는 진짜 동물도 만날 수 있다. 바로 태국을 대표하는 동물, 코끼리다. 여기서 제공하는 코끼리 관련 투어는 바로 코끼리 트래킹과 코끼리 쇼인데, 앞에서 언급한 코사무이의 정글 투어에서 진행되는 프로그램들과 유사하다. 코끼리 트래킹은 말 그대로 코끼리를 타고 농 눅 빌리지 내의 일부 정원을 돌아보는 프로그램으로, 아름다운

| 농 눅 빌리지 내에 있는 공룡 정원, 공룡들의 크기가 매우 리얼하다.

정원을 코끼리 위에서 즐길 수 있다는 장점은 있지만 막 특별하다는 느낌까진 아니었다.

농 눅 빌리지 내에 자리하고 있는 공연장에서는 코끼리 쇼를 관람할 수도 있는데, 내가 태국에서 보았던 수많은 코끼리 쇼 중에서 가장 큰 규모와 시설을 갖추고 있었다. 코끼리 트래킹은 크게 메리트가 있다고 보기는 어렵지만, 코끼리 쇼는 꽤 볼만한 퀄리티를 갖추고 있는 만큼 태국에서 코끼리 쇼를 한 번도 보지 않았다면 개인적으로도 추천할 수 있을 것 같다.

뿐만 아니라 태국 전통 무용 공연도 관람할 수 있다. 일반적인 시기에는 1일 4회 공연하는데 전통 무용 공연은 정적으로 진행되며, 파타야의 대표 쇼라고도 알려진 알카자 쇼 등과 같이 강렬하거나 자

| 농 눅 빌리지의 한 장소, 사진 촬영을 하기 좋은 장소가 많다.

극적인 면은 거의 없다. 배우들이 태국의 전통 의상을 입고 한국의 부채춤과 같은 춤을 추는데, 태국의 역사를 엿볼 수 있는 다양한 전통 춤 공연이라고 생각하면 된다. 의외로 이런 전통 공연은 태국 내에서도 볼 수 있는 장소가 많지 않기 때문에, 농 눅 빌리지에 방문했을 때 기회가 된다면 공연까지 함께 보고 오는 것을 권장한다. 공연이 이루어지는 방식은, 먼저 전통 무용 공연을 관람한 후 이어서 바로 옆 공연장인 코끼리 쇼를 연속으로 관람하는 방식이다.

공연장 근처에는 푸드코트와 비슷한 식당들이나 간식을 사 먹을 수 있는 장소도 있다. 현지 시장 물가와 비교하면 조금 비싸게 느껴지긴 하겠지만, 한국의 물가와 비교한다면 비싸지 않다.

농 눅 빌리지는 아름다운 정원에서의 사진 촬영, 그리고 다양한 공연을 볼 수 있는 복합적인 관광 명소다. 그래서 패키지여행 혹은 자유 여행 어느 쪽이라도 파타야 여행을 처음 온 사람이라면 한 번 정도는 가볼 만한 장소라고 생각한다. 글이나 사진으로 아무리 설명해도 그 웅장함과 아름다움을 표현하기 어려울 정도니, 파타야 여행 중 여유가 된다면 꼭 한 번 방문해보기 바란다.

파타야에는 멋진 경치를 자랑하는 장소들이 제법 많다. 하지만 여행사에서 추천하는 여행지인 농 눅 빌리지와는 반대로, 이번에 소개할 장소는 여행사 프로그램에는 거의 포함되어 있지 않은 '진리의 성전'이라는 곳이다.

진리의 성전(Sanctuary of Truth)은 파타야 시내에서 북쪽으로 약 4~5km 정도 떨어진 곳에 있는 명소이다. 농 눅 빌리지와 마찬가지로 파타야 시내에서 도보로 가는 것은 불가능하지만 상대적으로 가까워서 자유 여행객들에게 거리에 대한 부담이 없는 곳이다. 입장료도 그다지 비싼 편이 아니며, 이 또한 여행사를 통해 미리 바우처를 구매하면 좀 더 저렴하게 입장이 가능하다. 단, 여행사에서 제공하는 풀 패키지 프로그램에는 이 진리의 성전이 포함되지 않은 경우가 대부분인데, 아무래도 종교적인 기능을 갖춘 시설이다 보니 여행객에 따라 호불호가 갈릴 수 있기 때문일 것이다.

진리의 성전은 태국의 여느 불교 사원과는 많은 부분에서 차이가 있는데, 그 이유는 크게 두 가지로 이야기할 수 있다. 첫 번째는 하나의 사원이 여러 종교의 이야기를 담고 있다는 점이다. 이런 경우는 한국을 비롯해 세계 어느 나라를 가도 흔하지 않다. 이곳이 단순히 사원이 아닌 성전으로 불리는 이유이기도 하다. 사원 내에는 총

일곱 가지 의미로 나누어 만들어진 공간이 있는데, 공간마다 다양한 방법을 이용해 종교의 진리와 뜻을 표현하고 있다. 다양한 방식의 건축양식과 종교관을 한 건물에서 볼 수 있다는 점이 매우 특이하다.

또 하나는 '미완성의 최대 규모 목조 건축물'이라는 점이다. 진리의 성전은 현시점에서 태국 내에서도 가장 큰 목조 건물이다. 실제로 진리의 성전을 눈에 가장 먼저 담을 수 있는 뷰 포인트에 도착하게 되면, 생각했던 것보다 거대한 규모에 깜짝 놀라게 된다. 가까이 가서 사원을 관찰하면 단순히 거대한 목조 건축물을 넘어 디테일이 살아 있는 아름다운 장소임을 알 수 있는데, 내부와 외부를 꾸미고 있는 수많은 종교 관련 나무 조각상들이 빼곡하게 건물을 채우고 있다. 이러한 수많은 아름다운 조각상들이 복잡하게 어우러져 성전을 이루고 있고, 거대한 규모의 건물을 더욱 기이하고 인상적인 모습으로 만들어준다.

전 세계 어디에서도 이런 독특한 형태의 목조 건물을 찾기가 어려운데, 실제로 이 건축물은 2022년 기준 아직 미완성이다. 건물 한쪽에선 현재진행형으로 계속 건물을 보수하고 있으며, 다른 장소에서는 태국인 조각가들이 내부를 꾸미기 위해 나무 조각상을 깎고 있는 모습을 볼 수 있다. 입장할 때 머리를 보호할 수 있는 헬멧을 대여할 수 있는데, 미완성의 건물에서 생길 수 있는 안전사고 때문일 것이다.

진리의 성전은 농 눅 빌리지와는 다른 의미에서 좋은 출사 여행지이기도 하다. 농 눅 빌리지가 아름다운 인공 정원을 기반으로 한 사

| 진리의 성전은 태국 최대 규모의 목조 건물이자, 멋진 사진을 찍을 수 있는 장소인 만큼 일부러 시간을 내서라도 구경해볼 만하다.

진 촬영 장소라면 진리의 성전은 아름다운 파타야의 바다와 함께 멋진 건축물에서 신비한 사진을 촬영하기 좋은 장소이다. 진리의 성전을 둘러싸고 있는 바다와 함께 어우러진 이국적인 목조 건축물은 말로 다 설명하기 어려울 정도로 신비롭다. 목조 건축물의 특성상 건축물 내외부에 빛이 들어오며 독특한 분위기가 자연적으로 연출되는데, 이를 배경으로 사진을 찍으면 인상적인 숏을 남길 수 있다. 시간을 잘 맞춰 해설사의 설명과 함께 진리의 성전을 둘러본다면, 단순한 나무 조각상들이나 건물의 숨겨진 의미까지 알 수 있게 되어 더욱 유익한 시간이 될 것이다. 단, 한국어 해설은 준비되어 있지 않다는 점도 참고해두자.

절벽에 금빛 부처가 그려진 황금 절벽 사원, 시간을 들여 구경할 곳은 아니다.

여행사 패키지에서 흔히 볼 수 있는 대표 여행지 농 눅 빌리지, 반대로 여행사 패키지에서는 보기 어려운 독특한 여행지 진리의 성전. 두 장소는 개인적으로 추천하는 파타야의 대표 출사 포인트다. 여행을 다녀오면 남는 건 사진뿐이라는 얘기도 있는데, 그런 면에서는 강력히 추천할 수 있는 장소라고 할 수 있으며 태국에서도 파타야에서만 볼 수 있는 희소성을 갖춘 여행지들이다. 패키지를 비롯해 자유 여행으로도 나쁘지 않은 장소인 만큼 파타야를 제대로 돌아볼 생각이라면 꼭 한 번 들러보도록 하자. 투자한 시간이나 입장료 값어치는 충분히 하는 명소들이다.

여담이지만 농 눅 빌리지와 함께 파타야 패키지여행 일정에 단골로 들어가는 장소가 있는데, 그중 하나는 '황금 절벽 사원'이다. 황금 절벽 사원은 거대한 절벽에 황금색 선으로 그려진 거대한 부처를 볼 수 있는 독특한 사원이다. 커다란 바위산에 그려진 부처의 규모가 실로 웅장하고 신비해서 한 번쯤은 볼만한 장소다. 하지만 그 바위산을 제외한다면 볼 것이 아예 없으며, 거기서 불상을 배경으로 사진을 찍고 돌아오면 총 20분 이내에 관광을 마칠 수 있는 장소인 만큼 특이한 것은 없다.

또 한 곳은 '수상시장'인데, 수상시장 자체가 한국에서 볼 수 없는 장소인 만큼 첫 이미지에서부터 신기함이 느껴진다. 하지만 시장의 규모가 태국 내 다른 수상시장들보다 작으며, 전통시장들에 비해 물건값이나 음식값이 저렴한 것은 아니다. 여행사 패키지를 이용해 이 두 장소에 갔을 때, 뭔가 큰 임팩트가 있거나 긴 시간을 할애하며 볼만한 장소들은 아니라는 점은 꼭 알고 방문하자. 여행사에서 파타야 여행 상품 상담 시 황금 절벽 사원이나 수상시장을 강조하며 상품을 어필하기도 하지만 생각보다 실속이 있는 장소들은 아니므로 '파타야에는 이런 장소도 있다' 정도로만 생각하며 상담을 받아보는 게 좋다. 너무 큰 기대를 하면 그만큼 실망을 할 수도 있다는 말이다.

05

# 파타야의 다양한 쇼, 그리고 트랜스젠더 이야기

해외여행 중 그 나라에서반 즐길 수 있는 공연을 보는 것은 꽤 각별한 일이다. 그 나라의 문화를 예술적인 측면에서 가장 직관적이며 빠르게 접근하는 방법인 만큼 나 또한 개인적으로 추천한다. 한국을 방문하는 외국인들 또한 국내 곳곳에서 즐길 수 있는 전통 공연을 많이 관람하는데 사물놀이나 전통 무용, 창극 등 다양한 장르의 공연을 관람하곤 한다.

동남아시아 등의 휴양지 패키지여행 일정표를 보면 이런저런 다양한 공연을 볼 수 있는데, 대부분 그 나라를 대표하는 전통 춤 공연이 꼭 하나씩 포함되어 있다. 캄보디아의 압사라 댄스, 발리의 깨짝 댄스, 필리핀의 티니클링 등이 이에 해당되며, 최고의 휴양지 하와이의 훌라 댄스도 매우 유명하다. 태국 여행에서도 여러 가지 방법을 통해 전통 춤 공연을 볼 수 있는데, 앞에서 소개한 농 눅 빌리지나 방콕의 디너 크루즈 등 다양한 장소에서 어렵지 않게 태국 전통 춤을 접할 수 있다.

파타야 패키지여행 일정표를 살펴보면, 대부분 쇼 공연이 일정에 포함되어 있다. 하지만 이런 공연은 태국의 전통과 역사를 대표하는 공연이라고 보긴 어려운, 태국에서만 볼 수 있는 다소 독특한 공연인데 이에 대해 간단히 이야기해볼까 한다.

파타야의 대표 쇼 공연을 이야기할 때 반드시 언급되는 것은 '알자카 쇼'와 '티파니 쇼'인데 모두 트랜스젠더가 공연의 배우로 참가한다. 공연 자체의 퀄리티는 그렇게 대단하진 않다. 위에서 언급한 트랜스젠더 쇼들의 구성이 대체로 비슷한데, 오프닝과 엔딩 및 일부 무대를 제외한 다른 무대들은 모두 공연을 보러 온 여행객들을 위한 무대라고 할 수 있다. 많은 나라의 전통 무용을 테마로 공연이 이어지는데 유럽, 중국, 베트남, 일본, 인도, 러시아 등 많은 나라의 곡과 춤을 추는 태국인 트랜스젠더 배우들의 모습을 보면 뭔가 신기하다.

특히 각 나라의 관광객들은 자기 나라와 관련된 공연에선 더 큰 환호와 박수를 보내는데, 한국의 전통 부채춤이 시작되고 한국인 관광객들의 환호가 공연장을 채우자 내 기분 또한 묘해졌다. 이와는 별개로 공연 자체의 퀄리티는 엄청 뛰어난 편은 아닌데, 아무래도 일부 공연 배우들의 합이 잘 맞지 않는 모습이라거나 아마추어와 같은 연기력이 드러날 때가 종종 있었다. 센터에 서는 배우들은 실력도 뛰어나고 미모도 아름다웠지만, 공연을 전체적으로 넓게 봤을 때는 완벽한 무대라고 할 수는 없을 것 같다.

이러한 트랜스젠더 쇼의 가치는, 한국에서는 볼 수 없는 트랜스젠더들만으로 꾸려지는 다국적 쇼라는 면에서 희소성이 있다. 태국 내에서는 이런 쇼를 파타야나 푸켓 등의 대형 관광지에서 어렵지 않게 볼 수 있지만, 태국을 조금만 벗어나 다른 동남아시아 국가를 방문하더라도 이런 쇼는 거의 없다.

태국은 다른 주변국들에 비해 트랜스젠더의 수가 상대적으로 많은 편이기도 하고, 한국의 트랜스젠더들도 태국에서 수술을 받을 정도로 태국 내 트랜스젠더 수술이 유명하기도 하다. 그렇다면 왜 태국에는 트랜스젠더들이 많을까? 이 부분에 대해서는 다양한 이야기들이 존재한다. 예를 들어 과거 태국은 버마(미얀마) 등의 주변국과 전쟁이 잦았는데, 전쟁 당시 남성을 무차별적으로 징집해서 부모들이 아들을 군대에 보내지 않으려고 여장을 시키고 여자처럼 행동하도록 교육했던 것에서 그 원인을 찾을 수 있다거나, 태국은 한국과는 달리 여성 중심의 모계사회였으므로 아들보다 딸을 더 선호한 데서 그 유래를 찾을 수 있다는 이야기도 있다. 그 외에 태국 자체가 음기가 강한 민족이라든지, 환경호르몬의 영향 때문이라는 등의 다양한 이야기들이 있지만 이런 이야기들은 그다지 신빙성이 있다고 보기 어렵다.

태국에 유난히 트랜스젠더들이 더 많은 것은 태국인들이 가진 트랜스젠더에 대한 인식과 사람들의 마인드 때문이라고 할 수 있다. 한국을 비롯한 수많은 국가에서의 트랜스젠더에 대한 인식은 밖으로 드러내기 어려운, 음지의 영역에 있다 보니 편견도 많고 거부감도 많다. 하지만 태국인들은 자유와 다양성을 중시하며 타인의 간섭을 매우 싫어해서 자신에 대한 표현이 상대적으로 자유롭다. 트랜스

| 트랜스젠더 쇼를 관람할 수 있는 파타야의 알카자 쇼 공연장.

젠더들이 TV에 나오거나 연예인으로 활동한다 해도 사람들이 부정적으로 생각하는 경우가 없으며, 심지어는 트랜스젠더 미인대회와 같은 행사도 개최된다. 태국인을 '콘타이'라고 부르는데, 이것은 태국어로 '자유로운 사람'이라는 의미이다. 이처럼 개인의 자유와 다양성을 존중하는 문화가 있는 것이다.

알카자 쇼나 티파니 쇼와 같은 트랜스젠더 쇼가 누군가의 눈에는 성 상품화로 보일 수 있겠지만, 그래도 이런 초대형 쇼에서 무대를 서는 트랜스젠더 배우들은 상황이 나은 편이다. 이런 큰 무대에 서는 배우들은 수많은 노력과 재능을 인정받은 케이스로 공연을 통한 고정적인 수입도 있으며, 공연이 끝난 후 갖게 되는 포토 타임 때 팁도 받을 수 있다. 이런 쇼들은 부모와 함께하는 아이들도 관람할 수 있을 정도로 매우 건전한, 지역을 대표하는 초대형 공연인 만큼 단순한 성 상품화로 보기는 어렵다. 그저 태국에서 볼 수 있는 어메이징한 공연 중 하나라고 생각하는 게 훨씬 낫다.

하지만 트랜스젠더 쇼와는 달리, 파타야에는 진짜 성 상품화를 앞세운 공연들 또한 많다. 패키지여행 일정표에는 이런 쇼들에 대해 기재하는 경우가 거의 없으며, 일부 옵션 투어 리스트에 종종 보인다. 보통은 가이드가 팀 성향을 살핀 후 모두 성인이며, 성인용 쇼 관람 시 문제가 없다고 판단될 경우 언급하는 편이다.

성인용 쇼 중에서 가장 큰 규모를 자랑하며 인기가 많은 것은 바로 '빅아이 쇼'다. 패키지여행을 갔을 경우 가이드에게 따로 부탁하거나 가이드의 추천으로 관람하는 경우가 많으며, 자유 여행객이 빅아이 쇼를 관람하고자 한다면 미리 국내 여행사를 통해 바우처를 구매하는 것이 좋다. 직접 현장에서 티켓을 구매하는 경우와 여행사를 통해 티켓을 구매할 때의 가격 차이가 꽤 많이 나므로 미리 티켓을 구해서 방문하는 것을 추천한다.

붉은색 선물 상자 모양의 빅아이 쇼 공연장은 알카자 쇼나 티파니 쇼의 공연장과 비슷하거나 더 큰 규모이다. 당연하지만 성인용 쇼라는 타이틀답게 아이들이나 청소년은 입장 자체가 불가능하다. 내부의 촬영은 엄격하게 금지하고 있으며, 소지품은 입장할 때 입구에 비치된 보관함에 넣어 두어야만 입장할 수 있다. 다른 공연과 달리 공연의 시작 시간과 끝나는 시간이 따로 없는데, 약 한 시간 주기로 공연이 다시 로테이션되는 방식이라고 생각하면 된다.

공연 자체는 짜임새있고 웅장하며, 서커스 느낌의 묘기 공연도 다수 포함되어 있지만, 결과적으로는 자극적이며 섹슈얼한 내용의 공

| 성 상품화의 전형이라고도 할 수 있는 파타야의 빅아이 쇼 공연장.

연을 라이브로 볼 수 있다는 점이 가장 큰 특징이다. 자유와 다양성을 중요시하는 나라이다 보니 이런 공연도 생길 수 있겠다 싶은 생각은 분명 들지만, 실제로 이런 공연을 두 눈으로 직관하고 나면 문화 충격을 적잖이 받을 수밖에 없다.

태국에서 가장 유명한 여행지인 파타야. 가볼 곳도 많고 즐길 것도 많은 휴양 여행지임에는 틀림없다. 그리고 파타야에서 볼 수 있는 이색적이며 다양한 쇼들도 있다. 이러한 쇼들은 태국에서만 관람할 수 있어서 태국 여행을 처음 갔거나, 태국 문화에 관심이 많은 사람이라면 한 번쯤은 관람해보길 바란다. 하지만 쇼마다 개성과 특징은 분명히 다르고, 어떤 쇼는 성인만을 대상으로 한 자극적인 쇼들도 있는 만큼 참고해서 관람하기를 바란다. 파타야에서는 크고 작은 다양한 이색 쇼 공연장이 곳곳에 있으며, 일부 공연은 퇴폐적이거나 문화적 충격을 제대로 받을 수 있는 공연들이라는 점도 꼭 기억하자.

# Chapter 6

# 방콕

# 01 태국의 수도, 방콕을 돌아보자

일반적으로 해외여행을 온 외국인들은, 해당 나라에 처음 갔을 때 그 나라의 수도를 먼저 돌아보고자 한다. 한국을 방문한 외국인들 또한 어김없이 우리의 수도인 서울을 가장 먼저 둘러보는 편이다. 유명한 TV 예능프로그램인 〈어서와~ 한국은 처음이지?〉에 출연했던 외국인 여행객들의 대다수는 서울 여행을 메인 여행지로, 다른 지역을 서브 여행지로 계획해 여행하는 모습을 여러 차례 보여주었다.

서울은 경제와 문화의 중심인 한국의 수도로 가장 한국다운 모습을 접할 수 있는 지역이기도 하며, 동시에 한국이라는 나라의 현재를 직관적으로 들여다볼 수 있는 지역이다. 그 나라가 어느 정도로 잘사는지, 그 나라의 역사와 문화는 어떤지, 그 나라 사람들은 어떤 모습으로 살고 있는지 등을 가장 쉽게 알 수 있는 지역이 바로 수도이다. 하지만 해외여행을 떠나는 여행객들 모두가 그 나라의 최초 방문을 반드시 서울과 같은 수도로 여행하는 것은 아니다. 한국만 해도 많은 국가에서 무비자로 방문해 여행할 수 있는 제주도, 그리고 제2의 수도인 부산으로 여행으로 오는 외국인들이 꽤 많다.

가까운 이웃 나라 일본만 해도 우리가 가장 많이 떠나는 여행 지역으로 도쿄와 더불어 오사카, 후쿠오카 등의 지역을 골고루 선택하는 편이다. 이런 소도시나 지방의 지역은 도시화가 진행된 도심에서 느낄 수 없는 새로운 무언가가 있는 만큼 이색적인 여행을 할 수 있다는 장점이 있고, 각 대표 지역에 국제선 및 국내선 공항이 자리하고 있기에 이동성과 접근성이 좋은 편이다.

이러한 점은 태국 여행에서도 두드러지게 나타난다. 태국 여행을 다녀온 사람들에게 "어떤 지역을 통해 태국 여행에 입문하였는가?"를 물어본다면 의외로 답이 많이 갈리는 편인데, 누군가는 휴양을 위해 푸켓으로 처음 여행을 떠났다고 하고, 누군가는 신혼여행을 통해 코사무이를 다녀온 것이 유일한 태국 여행이었다고 이야기한다. 태국은 대도시 투어보다 휴양지 여행이 더 먼저 빛을 발했던 국가이다 보니, 방콕과 같은 대도시 투어를 즐겨본 적 없이 태국의 유명 휴양지를 먼저 다녀온 여행객들이 많다.

하지만 만약 신혼여행과 같은 특별한 상황으로 처음 태국을 방문하는 경우가 아니라면, 개인적으로는 수도인 방콕으로 입문하라는 이야기를 꼭 하고 싶다. 물론 아름다운 바다에서 즐길 수 있는 다양한 해양스포츠, 고급스러운 리조트에서의 완벽한 휴양 등 휴양지에서 즐기는 게 좋지 않다고 말하는 것은 아니다. 하지만 태국의 문화

| 루프톱 바에서 볼 수 있는 방콕의 야경.

와 역사를 가장 직관적으로 알 수 있는 장소가 방콕이기도 하고, 가장 맛있는 태국 음식을 맛볼 수 있는 곳 또한 방콕이라고 자신한다.

방콕 시내를 조금만 벗어나면 금방 시골과도 같은 낙후된 풍경이 나오다 보니 아직 태국이 개발도상국이라고 생각할 수도 있지만, 방콕 도심을 디테일하게 돌아보면 그런 편견들은 금세 사라진다. 시암역 주변의 수많은 초호화 쇼핑몰과 더불어 세계 최고의 브랜드 호텔들을 바라보면 과거와는 달리 현대적으로 크게 발전한 국가라는 점을 실감할 수 있을 것이다. 높은 빌딩 옥상에 있는 루프톱 바에서 야경을 바라보며 칵테일 한잔을 즐기고 있으면, 주변의 아름다운 야경이 여느 대도시와 마찬가지로 화려하다는 것을 온몸으로 느낄 수 있다.

이러한 대도시만의 장점 때문에 신혼여행 등의 특별한 경우가 아닌 이상 태국을 처음 여행하는 여행객들에게 방콕 여행을 먼저 해볼 것을 추천한다. 물론 상당수 여행사에서 태국 여행을 다녀온 적이 없는 여행객들에게 방콕 패키지여행 상품을 많이 추천하며, 휴양과 투어를 모두 즐기고자 하는 여행객에게는 '방콕+파타야' 조합 상품을 많이 추천하기도 한다. 여행사에서 스테디셀러처럼 잘 팔리는 태국 여행 상품군이 바로 '방콕+파타야' 조합인데, 짧은 일정 동안 태국의 다양한 모습을 보여줄 수 있다는 장점 덕분에 충분한 만족도를 보장하는 패키지여행 상품이다.

하지만 만일 해외여행에 거부감이 있거나 나이가 많은 사람, 혹은 시간적인 이유 등으로 도저히 개인 자유 여행 계획을 세울 수 없는 경우가 아니라면 방콕 여행을 여행사에서 판매하는 풀 패키지 프로그램으로 가는 것을 권장하지는 않는다. 한국의 서울만 해도 무척 넓어서 서울의 모든 여행지를 다 돌아보려면 빨리빨리 구경한다고 해도 최소 3~5일이 걸릴 것이다. 태국의 수도인 방콕 또한 서울과 다르지 않다. 넓은 대도시에 둘러볼 만한 장소가 엄청나게 많은 데 반해 여행사 패키지 프로그램의 주어진 시간은 고작 3~4박 일정이어서 많은 장소를 여유롭게 돌아보는 것이 사실상 불가능하다.

방콕과 파타야 조합 상품으로 3~4박을 여행한다면 그 시간은 더 줄어들게 되며 방콕 내 일정은 고작 왕궁, 왓 포, 새벽 사원, 아시아티크 정도로 한정될 것이다. 물론 개인적인 자유 여행을 준비할 수 없거나 해외 자유 여행이 어려운 경우 이러한 패키지를 통해 방콕 시내를 돌아볼 수밖에 없고, 주어진 시간이 짧아 가장 핵심이 되는 투어들마저 수박 겉핥기식의 여행이 되는 경우가 있기에 아쉽다.

태국은 대중교통 이용이 한국에 비해 어려운 편이기 때문에 많은 용기와 경험이 필요하다. 썽태우를 처음 타면 어떻게 해야 하는지, 어떻게 벨을 눌러야 하는지, 어떻게 계산을 하는지 등의 어려움을 겪을 것이고, 택시를 탄다고 해도 가격을 어떻게 흥정해야 하는지 몰라서 바가지를 쓸 수 있다. 하지만 방콕에는 한국의 지하철과 비슷한 시스템인 방콕 도시철도가 다니고 탑승 방식이 한국 등의 여러 나라와 큰 차이가 없으며, 이 노선만으로도 갈 수 있는 장소가 많다.

흔히 지상철이라고 알려진 BTS(Bangkok Transit System)와 지하철 MRT(Mass Rapid Transit Bangkok)를 많이 이용하고, 공항 철도인 SARL(Suvarnabhumi Airport Rail Link)을 이용하기도 한다. 요령만 있다면 시외버스나 롯뚜, 국철 노선으로 주변 도시 여행을 떠날 수도 있다. 방콕은 태국의 중심에 있는 교통의 요충지인 만큼 어렵지 않게 여러 지역 및 도시로의 여행이 가능하다.

최근의 방콕 여행은 여행사에서 제공하는 완전한 패키지여행 프로그램을 이용하기보다 자유 여행으로 방콕 방문 후 현지 여행사 혹은 개별 투어 및 입장권만을 주로 판매하는 와그(WAUG), 클룩(KLOOK) 등의 단일 개별 투어 프로그램을 판매하는 여행사를 이용하는 방식이 대세다. BTS나 MRT를 이용해 여행할 수 있는 장소들은 개별적으로 여행을 즐기고, 교통편이 불편한 상황이 있는 장소나 역사 해설 등의 설명이 필요한 여행지는 개별 투어를 신청해 계획을 짜는 방식을 많이 이용한다.

개별 투어는 왕궁 투어, 담넌사두억 수상시장, 아유타야 투어 등이 인기가 있는데, 최근에는 한국인 수요가 많이 늘어 한국어가 가능한 태국인 가이드와 함께하는 조인 투어도 많이 생겼다. 이런 식으로 여행 계획을 만들면 자기가 원하는 대로 투어 시간과 자유 시간을 조절할 수 있고, 자유 시간 동안 제대로 태국 및 방콕을 느낄 수 있다.

태국 최고의 여행자 거리인 카오산 로드에서 제대로 놀아 보는 것도 자유 여행을 할 때나 가능하지, 여행사에서 판매하는 풀 패키지 일정으로는 카오산 로드에 가는 프로그램 자체가 포함되어 있지 않은 경우도 있고, 패키지여행 일정표에 카오산 로드 투어가 기재되어 있다고 해도 제대로 그 분위기를 느낄 만한 시간을 할애할 수 없다.

패키지여행 프로그램이 아닌 개별 투어를 신청해 여행을 진행할 경우 가이드가 한국인이 아닌 현지인일 수 있다는 점은 알아두자. 인터넷 사이트를 통해서나 현지 여행사를 통해 개별 투어를 신청할 경우 가이드에 대해 미리 확인해 두는 것이 좋은데, 일반적으로는 한국어가 가능한 태국인이 가이드인 경우가 많으므로 크게 걱정할 필요는 없다. 하지만 일부 조인 투어의 경우 한국어가 아닌 영어로 프로그램을 진행할 때도 있다.

이제부터는 방콕 여행 중 가볼 만한 장소를 패키지, 자유 여행 및 풀 패키지 프로그램과 함께 여행사에서 판매하는 '개별 투어' 상품 혹은 '티켓 바우처 구매' 방식 등에 대해 이야기해볼까 한다. 방콕 여행 중 꼭 가봐야 할 곳, 시간이 남는다면 가보기 좋은 곳, 투어 중 가이드가 꼭 필요한 장소 위주로 살펴볼 예정이다.

방콕 여행이 처음이더라도 여행사의 패키지여행 프로그램만 볼 것이 아니라 자유 여행을 즐겨보는 선택지도 생각해보기를 바라는 마음이다. 외국인이 서울 여행을 와서 가이드와 함께 경복궁과 명동, 남산타워만 둘러보고 갔다면 얼마나 아쉽겠는가. 나 또한 같은 마음이고, 패키지만이 전부가 아닌 자유로운 방콕 여행을 통해 좀 더 많은 것을 보고 느끼고 즐기기를 바랄 뿐이다.

02

# 방콕 역사 여행의 시작, 왕궁 투어 & 새벽 사원

한때 나는 여행을 준비하는 사람들에게 다음과 같이 이야기한 적이 있다. "그 나라의 역사와 문화를 제대로 알기 위해서는 그 나라의 과거와 현재, 미래를 모두 돌아볼 필요가 있습니다." 어떻게 생각하면 너무 당연한 이야기지만, 의외로 해외여행을 즐길 때 '현재의 모습'에만 집중해 여행하는 사람들이 많다. 그 나라의 맛집을 찾아다니고, 좋은 리조트에 머물며 호캉스를 즐기고, 다양한 액티비티나 해양스포츠를 즐기는 여행도 매력적이다. 하지만 현재의 모습만을 보며 여행하는 것은 그 나라를 제대로 이해하는 것이라고 보기 어렵다.

그 나라가 과거에는 어떤 모습이었고, 어떤 생활을 했으며, 어떻게 현재의 모습으로 발전하게 되었는지 제대로 알고 이해한다면, 현재를 넘어 미래의 모습까지도 추측할 수 있다. "누가 대체 해외여행을 하면서 공부를 한단 말인가?"라고 할 수도 있지만, 여행하면서 동시에 세상을 더 넓게 볼 수 있는 시각이 생기는 계기가 될 수 있기에 참 매력적이라고 대답할 수 있을 것 같다.

우리가 알고 있는 것처럼 한국을 찾는 외국인들의 상당수는 우리의 전통문화에 관심을 가지고 관련 여행지를 많이 찾는다. 단순히 서양인들이 가진 오리엔탈리즘 때문이라고 볼 수도 있지만, 그들의 문화와는 완전히 다른 한국의 문화를 알고 싶다는 호기심에서 이러한 여행지를 찾는 경우가 대다수일 것이다. 단순히 우리 전통의 외향적인 아름다움을 구경하기 위해서일 수도 있고, 진심으로 한국의 역사와 전통에 관심을 갖고 공부해보고자 하는 사람도 있을 것이다. 서울의 유명 관광지인 경복궁이나 창덕궁과 같은 궁궐, 인사동과 같은 장소에 유난히 외국인이 많은 것은 이런 이유 때문이 아닐까?

태국을 찾는 외국인들 또한 마찬가지일 것이다. 외국 여행객들은 태국의 전통과 문화를 직관적으로 느끼기 위해 왕궁이나 다양한 사원을 방문한다. 여느 외국 여행객들과 마찬가지로 우리나라 사람들도 방콕 여행 중 왕궁을 비롯해 왓 포, 새벽 사원 등을 많이 방문하며, 여행사의 방콕 패키지여행 프로그램의 경우 어떤 여행사의 프로그램에도 왕궁 투어는 반드시 포함되어 있다.

여행사에서도 이러한 왕궁 투어 프로그램이 가이드를 통해 다양한 이야기를 풀어낼 수 있다는 장점, 태국의 역사를 가장 쉽게 접할 수 있는 장점이 있다는 것을 알기에 패키지 프로그램에서 절대로 빼지 않는다. 물론 태국의 전통과 역사에 대한 여행객들 개개인의 호기심도 많은 만큼 자유 여행 중 개별 투어 프로그램을 통해서도 왕궁 및 새벽 사원을 돌아보는 투어를 많이 신청하곤 한다.

태국은 현재 입헌군주정을 유지하고 있다. 입헌군주정은 그 나라의 헌법 내에서 군주권이 행사되는 정치제도이다. 이 말은, 즉 현재의 태국에는 왕과 왕족이 있다는 것이다. 이런 군주정은 1782년부터 짜끄리 왕조라는 이름으로 현재까지 이어지고 있으며, 짜끄리 왕조의 라마 1세부터 역대 왕들은 방콕에 있는 왕궁(Grand Palace)에 머물며 지냈다. 라마 9세와 10세는 왕궁 근처에 있는 두짓 궁전에서 머무는 경우가 많지만, 현재까지도 왕궁 내 일부 건물들은 행정적인 기능을 갖추고 있다. 게다가 관광지로서의 기능도 있는 만큼 태국으로 여행을 오는 여행객들이 가장 많이 찾는 여행 명소이기도 하다.

왕궁이라고는 하지만 프랑스 베르사유 궁전처럼 단일 건물로 이루어진 것은 아니며, 우리나라의 경복궁처럼 여러 건물이 모여 있는 형태다. 왕궁 내부는 내정, 외정, 중정, 그리고 에메랄드 사원 네 개의 구역으로 구성되어 있으며, 여행객들은 내정 등의 일부 장소는 출입할 수 없어 왕궁 전체를 돌아보는 것은 불가능하다.

왕궁은 자유 여행객도 어렵지 않게 방문할 수 있는데, MRT 라인의 사남차이(Sanam Chai)역에 도착해 택시 및 툭툭을 타고 이동할 수 있다. 역에서 왕궁 입구까지 약 1.2km 정도밖에 되지 않아 걸어서 이동하는 것도 충분히 가능하지만, 그늘이 많지 않아 더위에 약한 사람에겐 추천하진 않는다. 왕궁의 입장료는 500바트(약 18,000원 정도)로 저렴하지는 않지만, 실제로 들어가서 돌아보면 그 정도 값어치는 하는 장소라는 것을 알 수 있다.

태국을 처음 방문한 사람이 정보가 전혀 없는 상태에서 태국의 왕궁을 돌아본다고 해도 왕궁에서 뿜어져 나오는 분위기 때문에 놀라움과 감동을 동시에 받게 된다. 거대한 규모의 황금빛으로 빛나는 이국적인 건축물들과 함께 다양한 문화가 어우러진 벽화들, 신비한 느낌의 에메랄드빛 불상 등에서 한국에서는 접할 수 없는 독특함을 한 장소에서 느낄 수 있다. 왕궁 내 예쁘고 신비로운 장소가 많은 만큼 인생 숏을 남기기에 좋은 장소도 많아 SNS를 즐기는 사람들에게도 큰 인기를 끌고 있다.

왕궁에 한 번도 가보지 않은 사람이 가이드 없이 자유 여행으로 방문하게 된다면 그저 비주얼적인 측면만 돌아보다 나오는 셈이다 보니 여행객의 성향에 따라 돈이 아깝다는 느낌을 받을 수 있을 것 같다. 혹은 왕궁이 아닌 에메랄드 사원 구역을 돌아보며 왕궁으로 착각할 수도 있다. 나 또한 가이드의 설명이 없었다면 에메랄드 사원이 왕궁과 같은 곳이라고 착각했을 테니 말이다. 왕궁 내 구역을 나누는 표시나 건축물에 대한 설명 등이 없는 것은 아니지만, 그 내용이 한글로 쓰여 있는 건 아니어서 관심을 갖고 돌아보지 않는다면 놓치는 부분이 많을 것이다.

왕궁을 비롯한 태국 내 다양한 사원들의 경우 짧은 숏팬츠나 반바지, 노출이 심한 옷을 입은 채 입장하는 것은 불가능하다. 가이드와 함께 투어를 진행한다면 미리 의복에 대한 정보를 사전에 공지해주거나, 긴 치마나 두를 수 있는 의복을 빌리는 것을 도와줄 것이다.

왕궁 투어가 패키지여행 프로그램에 포함된 경우, 혹은 개별 투어를 신청할 경우 여행사의 전용 차량을 이용해 왕궁에 갈 수 있기 때문에 이동이 매우 편리해진다. 한국어가 가능한 가이드가 동행하기 때문에 태국 짜끄리 왕조에 대한 역사 이야기와 함께 왕궁 내 건축

| 왕궁 내부에 있는 황금빛 에메랄드 사원.

물이 가진 의미 등을 쉽게 이해할 수 있다. 가이드와 함께하는 투어의 단점은 왕궁 투어에 주어진 시간이 있어서 왕궁 내 모든 장소를 다 돌아보는 것은 불가능하다는 점이다.

특히 에메랄드 사원 내의 다양한 건축물은 저마다의 의미와 특징을 가지고 있으며, 태국을 비롯해 인도, 캄보디아 등 다양한 건축양식 및 벽화, 문화를 엿볼 수 있는데, 모르는 사람이 보면 모두 비슷해 보이기 때문에 가이드의 설명이 정말 중요하다. 이런 이유에서 태국 여행이 처음이거나 혹은 왕궁 투어를 처음 가는 사람이라면 개인적으로도 자유 여행보단 패키지 혹은 개별 투어를 신청하는 것을 추천한다.

왓 포는 왕궁 바로 옆에 있는 큰 사원으로, 왕궁과 함께 짜끄리 왕조가 시작될 때부터 지금까지 그 자리를 지키고 있는 태국의 명소다. 우리에게도 잘 알려진 타이 마사지의 역사가 시작된 곳이기도 하며, 그래서 한국의 타이 마사지 숍 상당수의 상호에 '왓 포'라는 이름이 들어가기도 한다. 사원의 규모는 왕궁 내에 있는 에메랄드 사원보다도 큰 편이며, 왓 포 내에 소장된 수많은 불상과 그림들, 경전들은 유네스코 세계문화유산으로 지정되었다.

특히 왓 포 내에서 가장 유명한 푸른 지붕의 '위한 프라논' 건물 내에는 태국에서 가장 큰 규모의 불상 중 하나로 알려진 와불상이 있다. 48m의 압도적인 크기에 놀라고, 세세한 디테일에 놀라며, 1832년부터 이어진 깊은 역사에 놀라게 되는 매우 인상적인 장소다. 왓 포를 방문한 여행객들은 이 거대한 와불상을 관람하고 행운을 기원하며 기도를 올리기도 한다. 한국의 사찰에서도 와불상을 볼 수 있는 곳이 있지만, 태국에서 만나는 상상 그 이상의 거대한 와불상은 오랜 기억에 남을 것이다.

우리에게 '새벽 사원'으로 잘 알려진 왓 아룬은 왕궁에서 가까운 사원이지만 왓 포와 달리 바로 옆에 붙어 있는 형태는 아니다. 왕궁에서 타 티엔이라는 선착장으로 이동 후 배를 타고 짜오프라야강을 건너면 이곳에 도착할 수 있다. 자유 여행으로 방콕을 즐기는 사람들은 대중교통 배(짜오프라야 익스프레스 보트)를 이용하는 것이 다소 어색할 수 있다.

지금은 인터넷이나 구글 맵 등 다양한 매체를 통해 이동하는 방법을 쉽게 접할 수 있지만, 불과 몇 년 전만 해도 태국에서 배를 타고 왕궁 쪽에서 왓 아룬 방향으로 이동하는 방법에 대해 모르는 사람이

| 새벽 사원 왓 아룬은 일반적으로 볼 수 있는 태국의 여러 사원과는 그 분위기나 건축 양식이 매우 다르다.

훨씬 많았다. 선착장의 입구도 작고 주변의 상점들과도 섞여 있어서 어려움을 느끼는 사람이 꽤 있었다.

배는 약 20~30분 간격으로 배차가 이루어져 선착장에서 조금만 대기하면 금방 탑승이 가능하고, 배를 탄 후 선착장에서 왓 아룬까지는 10분 정도밖에 걸리지 않는다. 매우 느리게 이동하기 때문에 멀미 걱정을 할 필요가 없다. 내가 탑승했던 선박 내부의 인테리어

| 새벽 사원의 경치는 낮과 밤에 따라 분위기가 바뀐다.

는 마치 시내버스와 비슷했기 때문에 이용하는 데 전혀 무리가 없었다. 하물며 자유 여행이 아닌 패키지여행 혹은 개별 투어로 진행하게 되면 가이드가 함께 선착장까지 이동, 선박에 함께 동승까지 하게 되므로 배를 타고 왓 아룬에 가는 것은 어렵지 않은 일이다.

왓 아룬은 태국에서 가장 유명한 사원 중 하나로, 10바트짜리 동전에도 들어가 있다. 아유타야 왕조 때부터 있었던 크메르 양식의 사원으로 짜끄리 왕조 때 현재의 형태와 모습을 갖추게 되었다. 특이하게도 크메르 양식의 사원인 만큼 캄보디아 사원과 비슷한 느낌을 받을 수 있다. 사원 외부는 현재까지도 계속 개보수를 진행하고 있어 방문하는 시기에 따라 사원 외부 공사를 하는 모습을 볼 수도 있다. 사원 규모가 크지 않고 중앙의 거대한 탑과 함께 네 개의 탑과 중국풍 석상이 사원의 전부여서 관람에 많은 시간이 걸리지는 않는다.

여담이지만, 패키지여행 혹은 개별 투어를 통해 왓 아룬을 관람하게 되면 보통 그 시간이 낮이거나 초저녁 노을이 질 때일 경우가 많은데, 왓 아룬의 가장 아름다운 모습을 볼 수 있는 시간은 아이러니하게도 밤이다. 짜오프라야강에서 즐길 수 있는 나이트 크루즈 투어들의 핵심은 바로 아름다운 사원과 조명이 어우러진 멋진 경치인데 이렇게 늦은 밤에는 사원 내부로 들어갈 수 없다. 나이트 크루즈 투어를 이용해 왓 아룬의 야경을 감상하거나, 왓 아룬이 보이는 위치의 숙소를 잡는 것이 밤의 아름다운 새벽 사원을 감상하는 가장 쉬운 방법이다.

03

## 밤이 되면 클럽이 되는 카오산 로드와 주변 거리

방콕 패키지여행을 판매하는 여행사 중 카오산 로드 투어를 일정에 표기했거나 카오산 로드에 대해 강조하며 긍정적인 이야기를 하는 여행사는 아마 많지 않을 것이다. 그러나 TV나 인터넷 등 각종 매체에서는 '태국 여행자들의 성지'로 칭송하고, 태국에 왔으면 꼭 카오산 로드의 밤을 느껴보라는 이야기를 한다. 여행사에서는 카오산 로드 투어에 왜 소극적일까? 투어 중 가이드에게 카오산 로드로 가고 싶다고 따로 이야기해도 긍정적인 답변을 주는 경우 또한 많지 않다. 이것은 아마 여행사의 입장에선 카오산 로드 여행이 특별한 메리트가 없기 때문이 아닐까 생각한다.

카오산 로드는 방콕 시내 서쪽 중부에 있는 구시가지 내 작은 상권을 갖춘 길이다. 멀지 않은 곳에 짜오프라야강이 있으며, 방콕의 왕궁에서도 약 2km 정도 거리로 멀지 않다. 구시가지 내에 있어서 화려하고 현대적인 BTS 싸얍역 근처 도심, 짜오프라야강 인근에 있는 아시아티크 주변 쇼핑몰과 초대형 호텔들이 모여 있는 지역의 풍경과는 확연히 다른 모습을 보여주는 장소다. 1990년대부터 현재까지 여행객들에게 꾸준한 인기를 얻고 있으며, 특히 배낭 여행객들에게는 태국 여행의 성지와도 같다. 전 세계 젊은이들이 방콕 여행 중 카오산 로드를 꼭 들르곤 한다.

카오산 로드가 여행자 거리, 배낭 여행객들의 성지로 불리게 된 것은 저렴한 물가를 빼놓고 이야기할 수 없다. 배낭여행을 즐기는 사람들은 모두 저예산으로 해외여행을 진행하는데, 카오산 로드 내 식당들과 바, 길거리 노점들은 방콕 도심 전체의 물가보다 저렴하다. 하루 2~5만 원 정도에 묵을 수 있는 가성비형 숙소가 많고 주변에 개별 투어를 진행하는 많은 여행사가 있어 원하는 여행을 저렴하게 조인 투어 형태로 찾을 수 있다. 과거 저가 항공편이 거의 없던 1990년대에는 카오산 로드 내 여행사에서 저렴하게 항공권을 구할 수 있을 정도로 지갑 사정이 어려운 여행객들은 카오산 로드에서 경제적인 문제들을 해결해왔다.

다른 여행지에서는 느낄 수 없는 카오산 로드만의 감성 또한 독특하다. 저녁이 되면 거리가 마치 클럽처럼 변하고, 술을 마시며 자연스럽게 주변 테이블의 여행객과 친구가 되어 즐거운 밤을 보내기도 한다. 다른 나라 친구들과 이야기도 나누고 문화 교류도 하며, 일정이 맞으면 함께 태국 여행을 즐길 수도 있기에 오랫동안 배낭 여행자들이 많이 방문하는 장소가 되었다. 2020년 개봉했던 저예산 한국 영화 〈카오산 탱고〉에서도 이런 카오산 로드만이 갖는 감성을 소재

| 카오산 로드만의 감성은 지금까지도 존재한다.

로 사용했다.

최근의 카오산 로드 분위기는 과거 1990~2000년대의 '배낭 여행객의 성지'라고 불리던 때와는 확실히 다르다. 방콕 구시가지는 과거의 모습을 보존하기 위해 재건축이나 리모델링, 개보수 등을 하지 않아서 카오산 로드 근처 대부분의 숙소는 낡은 채 유지되고 있다. 저렴한 가격만 보고 눈 감고 투숙하기에는 숙소의 퀄리티가 아쉬운 편이며, 최근 방콕 내에도 가성비 좋은 3~4성급 호텔들이 많이 생겨 비슷한 금액대에 더 좋은 퀄리티를 가진 숙소가 너무 많다.

항공편 또한 온라인을 통해 최저가를 검색하는 것이 가능해져 굳이 여행사를 찾아다니며 저렴한 티켓을 구할 필요도 없다. 2020년부터 전 세계를 강타한 COVID-19 팬데믹으로 카오산 로드 내 상권이 전반적으로 위축된 점은 여러모로 아쉽다. 개별 투어를 신청할 만한 현지 여행사를 대체할 인터넷 여행사들도 많아졌다. 물가 상승 등의 이유로 음식 가격도 예전보다 많이 올라서 무조건 싼 맛에 방문하는 지역은 더 이상 아니다. 방콕 자유 여행 중 가장 많이 이용하는 교통편인 BTS와 MRT로 이동하기에도 불편한 장소라는 점 또한 아쉽다.

그나마 남아 있는 건 카오산 로드에서만 느낄 수 있는 감성일 텐데, 이마저도 패키지여행 프로그램을 통해 방문한 여행객들은 이런 감성을 느낄 겨를이 없다. 패키지여행 프로그램은 그 특성상 시간과 일정에 맞춰 여행 지역을 이동해야 하므로 프로그램 중간에 새로운 자유 시간을 만드는 것이 어렵다. 투어 중 구시가지 근처를 가는 경우는 고작 왕궁 및 새벽 사원 투어 정도인데, 이를 제외한다면 여행사의 패키지 프로그램에서 구시가지 방면을 특별히 갈 일이 없기에 가이드가 카오산 로드 투어를 위해 개별적으로 여행객을 인솔하는 것은 불가능하다.

어떻게 시간 조절을 잘해서 한두 시간 정도의 자유 시간을 만들어 카오산 로드를 가더라도 낮의 카오산 로드는 볼 만한 것이 하나도 없는 그냥 단순한 구시가지 거리일 뿐이어서 매력을 느낄 수 없다. 밤에 방문했다고 해도 짧은 자유 시간만 주어지게 되므로 이곳의 감성을 느끼는 것은 어렵다. 그 정도 자유 시간이라면 차라리 도심 속

| 초저녁의 카오산 로드, 배낭 여행자들의 성지로 알려져 있지만 최근에는 그 이미지가 퇴색된 상태다.

경치 좋은 루프톱 바에서 멋진 야경을 보며 칵테일 한잔 즐기는 것이 훨씬 나은 선택이 될 수 있다. 여행사의 입장에서는 이와 같이 제한된 시간을 카오산 로드에 투자하는 것이 효율적이지 않다고 판단하는 데다 옵션 투어 및 패키지 쇼핑에 적합한 환경을 가진 곳도 아니기에 카오산 로드 투어에 소극적일 수밖에 없는 것이다.

그러므로 카오산 로드는 자유 여행 그 자체에 목적을 두고 방문해야 한다. 만일 자유 여행으로 방콕을 갔고, 카오산 로드에 한 번도 방문한 적이 없다면 일부러라도 저녁 시간에 카오산 로드 일정을 잡아볼 것을 추천한다. 물론 여행사에서 판매하는 패키지여행 프로그램을 통해 방콕을 방문했다면 카오산 로드 투어는 과감하게 정리하는

| 카오산 로드에서 도보로 5분 정도 가면 볼 수 있는 민주 기념탑, 카오산 로드 인근에는 가볼 만한 가치가 있는 장소가 많다.

것이 좋으며, 일정 내 자유 시간에도 카오산 로드보다는 다른 효율적인 투어에 집중하는 것이 좋다.

만일 자유 여행으로 카오산 로드 근처에서 1박 이상을 투숙하거나, 낮 시간대에 방문해서 저녁까지 시간이 많이 남는다면 카오산 인근의 명소들을 둘러보자. 근처에는 다수의 사원과 박물관들이 있어서 태국의 역사와 문화에 관심이 많다면 좋은 경험과 시간이 되어줄 것이다. 구시가지 거리 자체가 이국적이면서 옛 유럽과 비슷한 느낌이 있어 그저 거리를 걷는 것만으로도 흥미롭고, 거리 곳곳에 은근히 맛집들이 많아 태국 음식을 접해보기도 좋다.

카오산 로드에서 가까운 여행지 중 개인적으로 추천하는 장소는 왕궁을 비롯해 프라쑤멘 요새, 민주 기념탑, 왓 싸켓 등이다. 모두 카오산 로드에서 2km 거리 내에 있어서 마음만 먹으면 얼마든지 걸어갈 수 있다. 1783년에 지어진 프라 쑤멘 요새는 오래된 요새 관람과 함께 짜오프라야강의 아름다운 해넘이를 볼 수 있는 곳으로 태국인들에게도 인기가 있는 장소다. 왓 싸켓은 '골든 마운틴 템플'이라는 별명을 가지고 있는데, 황금빛 가득한 예쁜 사원으로 계단을 따라 사원 꼭대기에 오르면 방콕 구시가지를 한눈에 담을 수 있다.

그 외에도 카오산 로드 근처에는 크고 작은 명소들이 많이 모여 있는 만큼, 태국의 역사와 문화에 관심이 많은 여행객이 자유 여행으로 이곳을 방문했다면 카오산 로드에만 집중하기보다는 그 주변의 명소들 또한 함께 방문해보자. 개인에 따라 우리에게 알려진 것만큼 대단한 장소는 아닐 수 있지만, 자유 여행 및 관광의 목적으로는 일부러 시간을 내서 방문하기에 나쁘지 않은 장소라고 할 수 있다.

# 04

# 짜오프라야강에서 디너 크루즈를 즐기다, 아시아티크

여행사를 통해 방콕 패키지여행을 진행한다면, 패키지 일정 내에 '아시아티크 투어'가 포함되어 있을 수 있다. 왕궁이나 사원은 태국의 전통과 역사를 직관적으로 접할 수 있는 곳이기에 패키지여행 프로그램 일정에 포함될 만한 충분한 이유가 있는데, 그에 비해 아시아티크 일정은 이곳이 태국의 전통 야시장인지, 맛집이 모여 있는 식당가인지, 아니면 그냥 강변의 공원인지 조금 헷갈린다. 가이드들 또한 '현대화된 야시장 같은 곳'이라는 이야기를 많이 하는 편인데, 과연 아시아티크는 어떤 곳이고, 왜 패키지여행 프로그램에는 아시아티크 일정이 포함되어 있을까?

아시아티크(Asiatique the Riverfront)는 방콕 짜오프라야강 남부에 있는 초대형 랜드마크다. 이곳은 1800년대 말부터 과거 서양의 무역 회사들이 태국과의 무역을 위해 만든 항구임과 동시에 물자를 모

| 방콕의 새로운 랜드마크이자 복합적인 상권을 갖추고 있는 아시아티크.

아놓을 수 있는 창고와 같은 곳이었다. 1947년 이곳을 통한 모든 무역이 멈추게 되어 그 이후 폐허처럼 되어버렸는데, 2011년 재개발해서 2012년 현대식 개방형 쇼핑몰이 되었다. 과거의 창고 건축물들을 대대적으로 개편하여 노천 야시장, 상점, 식당으로 탈바꿈하게 되었고, 과거의 분위기를 내기 위해 아시아티크 내 수많은 조형물을 설치했다. 낚시하는 사람, 짐을 나르는 사람, 거대한 선박의 닻 모양 등 아시아티크가 과거 무역항이었음을 알려주는 조형물을 곳곳에서 볼

수 있으며, 이런 조형물을 배경으로 사진을 찍는 여행객 또한 많다.

아무래도 비교적 최근에 형성된 상권이다 보니 태국의 전통시장, 재래시장, 야시장 등을 생각하고 방문한 여행객들은 아시아티크의 현대화된 모습을 보고 조금 놀랄 수 있다. 하지만 돌려서 이야기하면 색다른 환경의 태국식 야시장을 볼 수 있다는 점이 오히려 이색적으로 느껴질 수도 있다. 최근에는 이런 현대화된 야시장을 태국 곳곳에서 볼 수 있는데 그중에서도 가장 유명한 장소가 바로 아시아티크가 아닐까? 그래서인지 판매되는 물건이나 음식들의 가격은 일반적인 야시장에 비해 가격이 비싼 편이다. 방콕 내 최대 규모의 재래시장인 짜뚜짝 시장과 비교했을 때, 같은 품목의 경우 약 20~30% 정도 더 비싼 편이다. 어쩌면 재래시장이나 전통 야시장의 물가가 아닌 방콕 내에 있는 초대형 쇼핑몰의 물가와 비슷하다고 생각해도 좋다.

아시아티크는 단순히 식당가와 야시장 등의 상권만이 주를 이루는 장소는 아니다. 거대한 관람차와 함께 조그만 유원지도 갖추고 있으며, 2022년 방문 당시 귀신의 집까지 완공되어 있었다. 아시아티크는 태국의 다양한 축제도 큰 규모로 진행하며, 공연장도 있어 다양한 문화와 예술을 접할 수 있는 복합 공간이 되기도 한다. 짜오프라야 강변에 세워진 선박 'The Sirimahannop Tall Ship' 안에는 과거 아시아티크의 역사를 볼 수 있는 박물관과 함께 레스토랑과 바도 있다.

저녁 시간에 이곳에 가면 아름다운 야경을 볼 수 있다. 주변에 높고 화려한 건물들이 많아 밤이 되면 건물들이 아름답게 빛나며 강변에 비친다. 이 시간이 되면 현지인을 비롯한 여러 나라의 여행객들이 저녁 도심 야경을 배경으로 사진을 찍곤 하는데, 여기서 바라보는 짜오프라야강의 야경은 말 그대로 빙산의 일각이다. 단순히 아시아티크에 방문해 그 장소를 즐기고 가는 여행객들도 물론 있지만, 아시아티크에 방문했다면 대부분 짜오프라야강의 유람선 야경 투어를 함께 즐긴다.

짜오프라야강의 멋진 야경을 즐길 수 있는 유람선 투어의 종류는 매우 많다. 이런 유람선 투어의 시작점 또한 투어 회사별로 상이한데 몇몇 유람선 회사들은 아시아티크 부두에서 출발한다. 유람선 투어는 기본적으로 짜오프라야강의 야경과 식사나 음료를 제공하는 디너 크루즈 형태이다. 그래서 일반적인 유람선 투어보다 가격이 비싼 편이며, 유람선 회사별로 운영하는 크루즈 투어마다 제공하는 식사와 음료의 퀄리티에서 차이가 난다.

내가 과거에 탑승했던 디너 크루즈 중 '욧시암 나이트 보트'의 경우 제공되는 음식의 퀄리티가 다소 떨어지며 특별히 먹을 만한 인상적인 음식은 없었지만, 그 대신 배에 탑승한 약 1시간 동안 맥주와 탄산음료를 무제한으로 제공했다. 또 다른 디너 크루즈 회사인 '로열 프린세스 디너 크루즈'의 경우 음식의 퀄리티가 전반적으로 욧시암 나이트 보트보다 좋았지만, 맥주 등의 음료는 무료로 제공되지 않아 모두 유료로 구매할 수밖에 없었다. 로열 프린세스 디너 크루즈 내에서는 태국 전통 공연 및 아마추어 가수의 라이브 공연도 함께 진행되었는데, 욧시암 나이트 보트에서는 이런 버라이어티한 모습은 볼 수 없었다.

국내 여행사의 패키지 프로그램으로 아시아티크를 방문하게 되면, 현지에서 가이드를 통해 결제하는 유료 옵션 투어 형태로 디너 크루즈 상품을 판매한다. 여행사별로 옵션 투어를 통해 판매하는 디너 크루즈 선박은 모두 다른데, 큰 규모의 여행사일수록 선박의 선택 폭이 넓은 편이다. 소규모 여행사에서는 한 종류의 디너 크루즈 선박 업체를 제시하곤 하지만, 규모가 큰 여행사의 경우 두세 개의 디너 크루즈 선박 업체를 제시하며 각 크루즈 업체별 퀄리티 및 가격 등을 설명하고, 개인의 취향에 맞춰 선택할 수 있도록 도와준다.

짜오프라야강 야경 투어를 즐길 수 있는 디너 크루즈에서 제공되는 식사의 퀄리티는 크게 기대하지 않는 것이 좋다. 물론 선박 회사마다, 그리고 개인이 음식에 대해 느끼는 주관적인 부분에서 차이가 있을 수 있지만, 현지 물가 대비 퀄리티를 고려한다면 퀄리티가 좋다고 보기는 어렵다.

로열 프린세스 디너 크루즈는 욧시암 나이트 보트의 음식 퀄리티보다 훨씬 좋은 편이었으나, 뷔페식이었음에도 불구하고 선박 탑승 인원 대비 음식량이 적게 준비되어 줄 서는 타이밍을 놓치게 되면 남들이 다 가져간 후 남은 음식으로만 골라 담아야 한다. 나는 운이 좋아서 준비된 모든 음식을 조금씩 맛볼 수 있었는데, 이름 있는 호텔 뷔페 퀄리티에는 한참 못 미쳤으며, 맛도 무난히 먹을 수 있는 정도일 뿐이었다. 선박에서 이뤄지는 뷔페식인 만큼 음식이 다 떨어졌을 때 제때 리필되는 것은 기대할 수 없으며, 맛 또한 평범한 만큼 음식에 대한 기대는 처음부터 하지 않는 게 좋다.

모든 디너 크루즈 선박의 음식이 모두 퀄리티가 떨어진다는 것은 아니므로 오해하지 않았으면 좋겠지만, 적어도 패키지여행에서 판

| 디너 크루즈에서 바라보는 새벽 사원의 아름다운 야경.

매되는 옵션 투어의 경우 음식만큼은 큰 기대를 하지 않는 편이 좋다. 디너 크루즈라는 이름만 보고 너무 큰 기대만 하지 않으면 적당히 무난하게 먹을 정도의 음식은 제공되니까 말이다.

디너 크루즈별로 제공되는 음식이나 서비스는 업체나 선박에 따라 조금씩 다르지만, 야경을 관람하는 선박 진행 코스는 크루즈 회사별로 차이가 없다. 디너 크루즈의 음식은 전반적으로 아쉬웠지만, 아름다운 짜오프라야강의 야경은 음식으로 받았던 아쉬운 기분을 풀어주기에 충분할 정도였다. 아시아티크에서 출발해 북쪽으로 이동 후, 반환점을 돌아 다시 아시아티크로 돌아오는 데까지 약 1시간 정도 소요된다. 이동 중에는 주변의 쇼핑몰과 호텔, 강 주변에 서 있는 빌딩들의 화려하고 아름다운 야경을 볼 수 있는데, 개인적으로도 디너 크루즈에 탑승하게 되면서 태국에 대한 이미지를 많이 바꾸게 되었던 것 같다.

디너 크루즈에서 볼 수 있는 야경은 화려한 불빛에 싸인 빌딩 숲도 있겠지만, 왕궁 옆 왓 아룬(새벽 사원)이나 아치교 등 다리의 모습도 꽤 볼 만하다. 왓 아룬은 낮에 보았을 때도 멋지고 웅장한 사원임에는 틀림없지만, 밤이 되면 사원과 그 주변의 조명으로 인해 그 모습이 색다르고 아름답다.

풀 패키지로 투어를 진행한다면 현장에서 직접 디너 크루즈 티켓을 구매하는 것보다 가이드를 통해 옵션 투어로 신청하는 것이 조금 더 저렴하다. 물론 인터넷이든 현지 여행사를 통해서든 다른 여러 방법으로도 더 저렴한 최저가로 아시아티크의 디너 크루즈 티켓을 구하는 것이 가능하다. 하지만 패키지여행 프로그램 도중에 원하는 시간에 맞춰 탑승하는 것이 어려울 뿐만 아니라 가이드가 제시하는 옵션 투어와 가격 차이가 크지 않으므로 일부러 어려운 길을 선택할 필요는 없다.

다만 옵션 투어가 일정 내 모두 포함된 '노옵션 상품'이 아닌 이상 방콕의 패키지여행 프로그램에 포함된 아시아티크 투어 중 디너 크루즈에 대한 옵션 투어가 생길 수 있다는 사실은 충분히 인지하고 있는 것이 좋으며, 이 내용이 일정표에 표기가 되지 않거나 여행사 상담 중 언급되지 않는다면 여행객이 현지에 방문했을 때 몰랐던 추가료 지불을 강요받았다는 이유로 컴플레인이 발생할 수 있다는 점은 여행사와 여행객 모두 잘 알고 있어야 할 부분이기도 하므로 꼭 참고하기 바란다.

05

# 태국의 독특한 시장, 담넌사두억 수상시장 & 매끌렁 위험한 시장

자유 여행으로 방콕을 방문한 한국인 여행객들이 가장 많이 선호하는 개별 투어는 '왕궁, 새벽 사원 투어'이다. 방콕 시내에서 멀지 않은 곳에 있어 많은 시간을 할애하지 않고, 태국의 전통과 역사를 직관적으로 느낄 수 있는 장소인 만큼 한국을 포함한 수많은 해외 여행객에게 인기가 많다. 이동 거리가 멀지 않고 관람하는 시간 또한 많이 소요되지 않아 보통 반일 투어로 이루어져 나머지 반일은 자유롭게 다른 방콕 여행을 즐길 수 있다는 장점도 있다.

그렇다면 두 번째로 선호도가 높은 개별 투어는 무엇일까? 이 부분은 개별 투어 판매처마다 조금씩 차이가 있지만, 나는 '담넌사두억 수상시장과 매끌렁 기찻길 시장'이라고 생각한다.

담넌사두억 수상시장과 매끌렁 기찻길 시장은 모두 방콕 서부에 위치하며, 실제로는 방콕 시내에 있는 장소는 아니다. 방콕 시내에서 차량으로 약 1시간 정도 이동해야 갈 수 있는 곳인데, 방콕 여행 초심자가 대중교통으로 방문하기에는 다소 어려운 곳에 있다. 완행열차를 이용하거나 롯뚜를 이용한 후 택시로 갈아타는 등 복잡한 과정을 거쳐야만 도착할 수 있는데, 이동에 들어가는 대중교통 비용, 몸 고생 및 시간 등을 돈으로 계산하면 개별 투어 비용과 큰 차이가 없다고 생각한다. 오히려 개별 투어를 통해 여행사 전용 차량으로 이동하는 것이 훨씬 간단하며, 가이드의 인솔하에 안전하게 이동할 수 있기에 이 두 지역만큼은 다른 여행지에 비해 가이드와 함께하는 개별 투어 선호도가 높은 편이다.

여행사에서 판매하는 개별 투어들을 살펴보면, 담넌사두억 수상시장과 매끌렁 기찻길 시장 투어는 두 개를 묶어 하나의 반일 투어 패키지 형태로 만들어 판매하는 게 대부분이다. 이 시장은 차량으로 편도 약 25분 정도 거리에 있다.

매끌렁 시장 근처에 있는 암파와 수상시장과 엮어 세 개의 코스를 합쳐 전일 패키지로 만든 프로그램 일정도 있지만, 암파와 수상시장은 다른 두 곳과는 달리 금요일~일요일에만 열리는 주말 시장이기 때문에 여행 스케줄을 짜는 데 제약이 있을 수 있다. 게다가 담넌사두억 수상시장과 결이 같은 시장이므로 굳이 두 곳을 하나의 투어로 묶어 돌아볼 필요까지는 없다고 생각한다.

암파와 수상시장은 담넌사두억 수상시장에 비해 관광지가 아닌 좀 더 현지인들을 위한 시장이라는 느낌이 강한 만큼 이곳에 방문하고 싶다면 오후 반일 프로그램으로 따로 저녁 투어를 신청하는 것을 추천한다. 담넌사두억 수상시장과 매끌렁 기찻길 시장 투어를 전일

| 담넌사두억 수상시장은 배를 타고 직접 물건을 구매할 수 있다.

로 돌아볼 계획이라면 오전에 진행하는 시장 투어 후 오후 왕궁 투어를 묶어 진행하는 전일 투어가 있는데 각각 다른 모습을 볼 수 있다는 장점도 있어 차라리 이쪽을 추천한다.

태국은 19세기 초까지는 이렇다 할 만한 현대화된 도로가 없었기 때문에 강과 운하를 도로 삼아 경제가 발전해왔다. 그래서 물길 사이사이에 다양한 형태의 주거지 및 상권이 발달하게 되었고, 현대화된 오늘날까지도 일부 수상시장들이 남아 있다. 담넌사두억 수상시장은 태국 내에서 가장 큰 규모를 자랑하는 수상시장이다. 파타야 패키지 프로그램에도 파타야 수상시장 투어가 포함되어 있지만, 실제로 담넌사두억 수상시장의 규모와 비교하면 차원이 다르다. 어마어마한 규모, 수많은 배들, 시장 특유의 다양한 먹거리와 볼거리가 있는 곳으로 색다른 경험을 하게 될 것이다. 물론 담넌사두억 투어는 투어의 긍정적인 면과 부정적인 면을 동시에 가지고 있는 만큼 어느 정도는 알고 방문하는 것이 좋다.

여행사 차량을 이용해 담넌사두억 수상시장을 방문하게 되면, 시장이 아닌 작은 선박 선착장에 데려다줘서 조금 놀랄 수 있다. 일반적인 담넌사두억 수상시장 투어는 배를 타고 돌아본 후 시장을 구경하는 방식으로 진행되므로 시장에서 약간 떨어진 곳에 있는 선착장에서 배를 타는 것이다. 작은 롱테일 보트 형태의 배를 타고 이동하게 되며, 선착장에서 시장의 입구까지는 빠르게 이동하므로 주변 구경도 하면서 시원시원한 선상 투어를 즐긴다는 느낌을 받을 수 있다.

약 10분 정도 이동하면 담넌사두억 수상시장에 도착하는데, 이때부터는 이미 와 있던 배들과 함께 물건을 팔기 위해 나온 장사꾼들의 배까지 섞여 갑작스러운 선박 교통체증을 맞이하게 된다. 배들이 많이 모이게 되면서 모터 소음과 배에서 나오는 매연 등으로 인해 약간의 불쾌감을 느낄 수 있으며, 이동이 더뎌지는 가운데 주변 장사꾼들의 호객 행위 때문에 정체가 되기도 한다.

이곳의 호객 행위는 우리가 흔히 아는 일반적인 호객 행위와는 조금 다르다. 주변 배를 타고 물건을 파는 장사꾼들이 긴 쇠막대기로 여행객이 타고 있는 배를 강제로 끌고 와 물건을 보여주며 호객 행위를 한다. 이렇게 판매하는 품목은 주로 과일이나 아이스크림, 음료 등의 먹거리들이고, 구매해서 먹어보면 맛있는 음식들임에도 불구하고 당황스러운 호객 행위 때문에 뭔가 기분이 오묘해진다. 실제로 과거 예능프로그램 〈더 짠내투어〉에서 담넌사두억 수상시장 투어를 진행했을 때 이러한 호객 행위로 인해 방송을 진행했던 연예인들이 당황하는 모습이 영상에 담기기도 했다.

이렇게 배를 타고 시장 내 선착장에 도착하면 가이드의 안내에 따라 자유 시간을 갖게 되는데, 이때부터가 진짜 시장 구경의 시작이라고 해도 과언이 아니다. 이런저런 상황으로 배 위에서 넋이 나간 채 시장 구경을 즐겨야 하지만, 그래도 잘 갖춰진 태국 전통시장 느낌이 많이 나기에 구경이 심심하지 않다. 앞서 이야기한 내로 맛있는 먹거리가 많고, 주변 지인들에게 선물할 만한 아기자기한 기념품들도 많아서 주어진 자유 시간이 짧게 느껴질 수 있다.

실제로 태국인들의 시장 역할도 하는 곳인 만큼 현지인들의 삶을 엿볼 수 있다는 점도 인상적이며, 동시에 뱀이나 원숭이와 같이 평소에 접하기 어려운 동물들과 함께 사진을 찍을 수 있는 독특한 장소도 있어 이곳이 관광 명소라는 것을 확실히 느낄 수 있다. 내가 그곳에서 느꼈던 감정은 '신기함'이었다. 이런저런 단점도 보이는 장소였음에도 불구하고 이런 모습도 또 하나의 태국이구나, 생각한다면 충분히 이해하며 돌아볼 수 있을 것 같다. 세계 어디에도 이런 형태의 시장을 접할 수 있는 곳이 거의 없다는 것을 생각한다면, 분명 여행객들에게 신기한 체험이 되어 주는 장소임에는 틀림없다.

매끌렁 기찻길 시장은 그 이름에서도 알 수 있듯이 시장이 기찻길 가까운 곳에 있다. 한국에도 기찻길 근처에 시장이 있는 장소가 정말 많지만, 매끌렁 시장의 판매 가판대와 기찻길과의 거리는 살벌하다는 표현이 어울린다. 아니, 가깝다는 표현보다는 기찻길 위에 시장이 열린다는 표현이 적절한 것 같다. 그리고 그 기찻길 위로 기차가 하루에도 몇 차례씩 다닌다. 이 매끌렁 기찻길 시장의 별칭은 '위험한 기찻길 시장'인데, 시장에서 물건을 판매하는 상인들은 항상 기차에 의한 위험과 함께 장사하는 것이다. 담넌사두억 수상시장도 참 특이한 시장이었지만, 매끌렁 시장 또한 둘째가라면 서러울 정도로 특이하다.

시장은 매끌렁 기차역 바로 옆에 있으며, 형태로만 본다면 우리가 흔히 아는 재래시장과 다른 점은 특별히 없다. 담넌사두억 수상시장이 시장과 관광 명소의 형태가 잘 조합된 장소였다면, 이곳은 말 그대로 태국 현지인들이 이용하는 재래시장 그 자체다. 먹거리들은 시장 곳곳에서 판매하고 있지만 시장 안에 관광을 위한 특별한 장소가 있는 것은 아니며, 여행객들을 위한 기념품을 판매하는 곳은 거의 없다. 시장은 넓은 편으로 과일, 채소, 육류, 생선류를 판매하는 가게들이 한데 모여 여기저기 섞여 있어서 곳곳에서 비릿한 냄새가 났다. 이곳 또한 여행객들이 많이 찾는 관광 명소임에는 틀림없지만, 시장 자체의 모습은 태국 시장 그 자체였다.

시장의 하이라이트는 바로 기차가 역으로 들어올 때다. 매끌렁 기차역에 기차가 도착하게 되면, 기찻길 위에 쌓여 있던 매대 위 물건들이 불과 2~3분 만에 기차가 지나가는 레일 좌우로 싹 빠지며 사

| 매끌렁 시장의 가장 큰 특징은 열차가 시장 바로 옆을 지나간다는 점이다.

라지는 모습을 볼 수 있다. 이 모습 자체도 신기한데, 기차에 탑승해 보면 더욱 놀라게 된다. 개별 투어 프로그램 시간에 따라 기차 탑승이 불가능할 수도 있지만 가이드는 프로그램을 진행하는 여행객들이 열차에 탑승해볼 수 있도록 최대한 스케줄을 조절할 것이다.

이 열차를 타고 달리며 철길 위의 시장을 바라보면, 기차가 오기 전까지 철길 위에서 판매하던 물건들과 매대가 철길과 기차에 닿을 듯 말 듯 아슬아슬하게 걸쳐 있는 걸 볼 수 있다. 말 그대로 '위험한 기찻길 시장'을 몸소 체험할 수 있는 시간인 만큼, 기차는 꼭 타볼 것을 추천한다. 그리고 가이드가 인솔하는 대로 투어 중 약속했던 시간을 잘 지키며 투어를 즐기는 것이 무엇보다 중요하다. 담넌사두억 수상시장에서 주어진 자유 시간을 어기고, 모이기로 한 시간에 모이지 않는다면 이후 기차까지 놓치게 되는 상황도 발생할 것이다. 조인 투어로 진행할 경우 다른 여행객들에게 폐를 끼치는 상황이 발생할 수 있으므로 주의하자.

담넌사두억 수상시장과 매끌렁 기찻길 시장 투어는 장단점이 뚜렷한 편이다. 모든 여행 프로그램이 모든 여행객에게 만족도를 선사할 수 없는 만큼 이 투어가 어떤 장점 및 단점이 있는지 정도는 알고 투어를 신청하는 것이 좋다. 여행사 인터넷 사이트를 통해서라면 다녀온 고객들의 리뷰를 살펴볼 수 있지만, 현지 여행사를 통해 개별 투어를 진행하는 경우 태국 여행을 다녀온 사람들의 블로그나 커뮤니티를 통해 정보를 미리 찾아보고 확인해야 한다.

위에서 열거한 특징 정도만 기억하고 투어를 즐기면 우리와는 다른 모습으로 사는 태국인들을 이해하며 여행을 즐길 수 있으리라 생각한다. 태국 여행이 처음이거나 태국인들의 전통적인 삶이 어떤지 몸소 느껴보고 싶다면 한 번쯤 이 투어를 진행해볼 것을 권장한다.

06

# 태국 여행의 또 다른 즐거움, 마사지 이야기

태국 여행 중 절대로 빠지지 않는 여행 코스는 '마사지'다. 이미 우리나라에서도 태국식 마사지를 받을 수 있는 숍이 많이 생겨 마사지 자체의 희소성이 높다고는 할 수 없지만, 확실히 본고장의 마사지 숍과 비교하면 분명히 다르다. 태국 내 유명 여행지 어디를 가도 마사지 숍은 발에 치일 정도로 많으며, 가격이 저렴한 가성비형부터 최고급 수준의 럭셔리 숍까지 선택의 폭이 넓은 편이다.

태국의 마사지를 일반적으로 '타이 마사지'라고 하는데, 이것은 일반적인 스포츠 마사지나 중국식 마사지, 스웨디시 마사지 등과는 조금 차이가 있다. 타이 마사지의 유래는 과거 태국의 불교 승려들이 힘든 고행을 한 후 피로를 풀기 위해 하체 위주의 지압법을 만들어 낸 것에서 시작되었다. 이후 전쟁에 나간 군인들을 위해 승려들이 마사지를 해주는 등 불교 승려들을 통해 타이 마사지가 발전해 지금까지 왔다고 볼 수 있다. 방콕의 '왓 포' 사원에서는 현재도 전통적인 마사지를 가르치고 전승한다고 한다.

하지만 실제로 타이 마사지를 받을 수 있는 숍에 가면 하체 위주로 마사지하는 것이 아니라 전신 마사지가 주를 이룬다. 근현대에 이르러 태국의 관광 시장이 커지면서 여행객을 위해 혹은 관광 상품으로 마사지가 발전하면서 사람들에게 만족도를 줄 수 있는 전신 마사지 형태로 조금씩 변해왔다. 타이 마사지가 관광 상품으로 변화하면서 동시에 서구의 팁 문화가 자연스럽게 융합되었다. 태국이 원래부터 팁 문화가 있는 나라가 아님에도 불구하고 타이 마사지만큼은 마사지 후 마사지사에게 고마움의 표현으로 팁을 주는 문화가 생기게 된 것이다. 팁은 고마움을 표현하는 방식이기에 얼마를 딱 맞춰야 한다는 규정은 없다. 일반적으로 마사지 가격의 10% 정도 금액이나 50~100바트를 팁으로 주는 편이다.

여행사에서 판매하는 태국 여행 패키지 상품 프로그램에는 반드시 1회 이상의 태국 마사지 일정이 포함되어 있으며, 만일 신혼여행 패키지 상품으로 태국을 방문한다면 2회~3회 정도의 마사지 일정이 포함된다. 이는 더운 나라에서 많은 야외 일정을 진행하며 쌓이는 피로를 풀어주는 역할을 하며, 신혼여행 패키지로 방문한 경우에는 결혼식을 치르면서 생긴 수많은 스트레스까지 날려버리는 데 큰 역할을 한다. 패키지 투어 중 타이 마사지를 받는 것은 여행객들은 여행 중 편한 휴식을 즐길 수 있고, 가이드들은 고객들이 마사지를 받는 동안 잠시 쉴 수 있다는 점에서 서로에게 장점이 되는 일정이다. 하지만 그 과정에서 가이드와 여행객에게 마찰이 생길 수 있는 부분도 있다는 점은 알아두는 것이 좋다.

여행사 패키지 프로그램에 포함된 타이 마사지의 경우 일반적으로 퀄리티가 너무 떨어지는 길거리 로컬 마사지 숍을 이용하지는 않는다. 매우 고급스러운 숍까지는 아니더라도, 딱 봤을 때 너무 급이 떨어지지 않는 일정 수준 이상의 인테리어와 시설을 갖춘 곳을 방문하기에 여행객들이 이 부분에서 실망하지는 않는다. 만약 비싼 돈 주고 패키지 투어를 진행하는데, 다 쓰러져 가는 건물의 낡고 형편없는 마사지 숍을 방문한다면 마사지를 받기 전부터 흥이 깨지며 만족도가 떨어지기 때문이다. 그래서 일단 겉으로 봤을 때 최대한 멀쩡한 숍과 제휴해 패키지 프로그램에 넣는 것이고, 여행객들이 피곤한 몸을 이끌고 제법 큰 규모와 깔끔해 보이는 마사지 숍에 와서 웰컴 드링크를 마시며 땀을 식히면 마사지 받기 전부터 일정 수준의 만족도를 채우게 되는 것이다.

웰컴 드링크를 마시다 보면 마사지 상품을 고르게 되는데, 이때 가이드는 마사지에 대한 추가 옵션 상품을 제시한다. 일반적인 패키지 프로그램에 포함된 마사지는 1~2시간짜리 일반 건식 마사지이다. 소수의 몇몇 여행사들은 일정표에 시간이나 마사지 종류를 기재하지 않고 그저 '타이 전통 마사지 진행' 정도로만 기재하기도 한다. 신혼여행 상품에 포함된 마사지는 기본적으로 2시간짜리 오일 마사지가 포함되지만, 오일 마사지 중에서도 가장 일반적인 카테고리의 프로그램을 기본으로 진행하며, 메뉴를 살펴보면 고가의 럭셔리 마사지 종류가 더 있다.

그래서 가이드는 1~2시간짜리 건식 마사지보다, 혹은 2시간짜리 기본 오일 마사지보다 더 좋은 마사지로 상품 업그레이드를 추천하며 추가 옵션을 진행하도록 권유한다. 태국 본토의 전통 마사지는 앞에서 이야기한 대로 하체 위주의 마사지이지만 태국의 전통과 본토의 오리지널 마사지를 이야기하면서 럭셔리한 옵션 상품을 추천하는 모습이 가끔은 아이러니하게 느껴질 때도 있다.

마사지 자체의 만족도는 어떤 숍의 인테리어와 시설이 더 좋은가, 어떤 옵션 프로그램으로 마사지를 진행하는가에 따라 다른 게 아니라 어떤 사람이 마사지를 진행하는가에 따라 다르다. 1시간에 100~300바트 정도에 받을 수 있는 노천 마사지 숍의 마사지사가 실력이 더 시원하거나 내 몸에 잘 맞을 수 있고, 1시간에 1,500바트 이상의 비싼 이용료가 필요한 초호화 럭셔리 숍의 마사지사도 잘 맞지 않아 온몸이 쑤시는 등 불편할 수도 있다. 마사지 자체의 만족도는 결국 마사지사의 방식이 자신과 잘 맞는가에서 결정되는 것이지, 어떤 옵션을 선택하는가에 따라 다른 것은 아니다.

여행사에서 근무할 때 가장 빈번히 발생했던 마사지 컴플레인에 대해 이야기해보겠다. 위에서 이야기한 것처럼 가이드가 옵션을 이야기하면서 이런저런 효능, 그리고 옵션을 진행했을 때의 장점 등을 잘 설명한다면 컴플레인이 발생하지 않는다. 하지만 강요로 느껴질 수 있는, 꼭 안 해도 되는 말 한마디 때문에 컴플레인이 발생한다. 바로 '옵션을 진행하지 않으면 다른 사람들 옵션 진행으로 추가되는 시간만큼 대기해야 한다'라는 이야기다.

한 가이드가 여러 여행객 팀을 인솔하는 패키지 프로그램 특성상 어쩔 수 없이 발생하는 문제로 만약 해양스포츠 중 옵션 투어를 진행하지 않았을 때 다른 팀들이 옵션 투어를 진행하는 동안 적당히 바닷가에서 스노클링하거나 해수욕을 즐기는 등의 개인적인 시간을 보낼 수 있다. 하지만 마사지 옵션 추가를 진행하지 않을 경우 마사지 옵션을 추가한 팀 내 다른 여행객으로 인해 정말로 마사지 숍에서 한두 시간씩 아무것도 하지 않은 채 대기해야 하는 상황이 발생한다. 여행객의 입장에서는 태국에 자주 올 수 있는 것도 아닌데, 아무것도 하지 않은 채 그저 마사지 숍 로비에서 마냥 1~2시간씩 기다리라고 한다면 기분이 언짢아질 수밖에 없을 것이다.

이러한 컴플레인이 발생하지 않기 위해서는 먼저 여행 패키지 상품을 판매하는 상담사의 역할이 중요하다. 마사지 숍에서 이런 옵션이 발생할 수 있다는 점을 상품 구매 전 정확히 전달해야 나중에 문제가 발생하지 않는다. 경험상 여행사에서 일하는 상담사들이 패키지 프로그램 중 발생할 수 있는 옵션을 이야기할 때 마사지 부분을 빼먹고 이야기하지 않는 경우가 꽤 있는데, 해양스포츠 등의 유료 옵션은 잘 설명하면서도 이상하게 마사지 프로그램 중에 발생하는 유료 옵션의 내용을 충분히 설명하지 않는 이유를 잘 모르겠다.

대기업 여행사 패키지 프로그램의 경우 마사지에서 발생하는 옵션에 대해 일정표에 기재하기도 하지만, 상담사가 상품을 설명할 때 제대로 이야기하지 않으면 여행객 측에서 일정표의 내용을 놓친 채 불만을 가질 수도 있으므로 주의해야 한다. 가이드 또한 그저 강요하듯 "옵션 마사지 추가하지 않으면 마냥 기다리셔야 합니다"라고 말할 것이 아니라 옵션 미진행 시 대기하면서 할 수 있는 대체 방안을 제시해줘야 할 것이다. 옵션 미진행 시 대체해서 할 것이 정말 단

하나도 없는 상황이라고 하더라도, 고객에게 선택권을 줘야지, 가이드가 다그치듯 옵션을 강요해선 절대 안 된다.

여행객 또한 자기의 패키지 프로그램이 '노옵션' 상품이 아닌 이상 마사지 숍에서 옵션이 발생할 수 있다는 점을 인지하고, 상담사와 패키지여행 프로그램에 대해 상담할 때 옵션에 대한 부분을 먼저 문의하고 일정 진행 중에 생길 수 있는 문제를 방지하는 것도 좋은 방법이다.

방콕은 태국 최대의 도시인 만큼 마사지 숍이 많고 가격 및 시설, 브랜드 등 마사지 종류에 따른 선택지가 상당히 많은 편이다. 일반적인 길거리 노천 숍부터 시작해서 잘 알려진 '헬스랜드', '렛츠 릴랙스' 등의 브랜드 마사지 숍도 있다. 만일 최고급 수준의 럭셔리 마사지를 원한다면 5성급 호텔 내에 있는 호텔 마사지를 이용해도 좋다. 하지만 일반적인 타이 마사지가 아닌 다른 곳에서는 볼 수 없는 이색적인 마사지 숍 또한 많은 편이다. 인테리어나 시설은 형편없지만 1시간에 100바트(한화 약 3,500원) 정도의 초저가 금액으로 마사지를 받을 수 있는 곳도 있고, 미용실이나 이발소와 접목해 마사지뿐만 아니라 피부 미용, 토탈 케어 등을 함께할 수 있는 숍도 있다.

이색 마사지 숍들 중에서 여행사 패키지 프로그램으로는 절대 가지 않는 방콕 내 마사지 숍 두 곳을 소개해보고자 한다. 자유 여행, 자유 시간 중 한국에서는 상상할 수 없는 이색적인 마사지를 받고 싶은 여행객에게 추천하는 곳이다. 하지만 정말 이색적이면서 상식 밖인 장소인 만큼 방문 여부는 여행객의 몫이다.

방콕 시내 중심가, 그리고 파타야 근처에도 분점이 있는 '유노모리 온센 & 스파'는 이름에서도 알 수 있듯이 일본식 온천과 태국식

| 렛츠 릴랙스 마사지 숍, 브랜드 마사지 숍이지만 착한 가격이 장점인 곳이다.

마사지를 접목한 브랜드 마사지 숍이다. 일본의 목욕탕과 온천 노천탕을 모티브로 만든 사우나 시설과 유카타 체험, 카페테리아에서 판매하는 일본식 음식 등 여러모로 일본의 분위기를 재현하고자 노력한 모습이 보인다. 게다가 다른 마사지 숍처럼 타이 마사지도 받을 수 있기 때문에 사우나 후 마사지를 통해 피로를 제대로 풀 수 있다. 방콕에서 인천으로 돌아오는 비행기 스케줄 때문에 늦은 밤에 공항에서 출발하는 경우가 대다수인데, 시간상 호텔 체크아웃 후 유노모리 온천에서 온천 및 마사지를 통해 피로를 풀기에 적합하다.

빰 맞는 것에 대해 큰 거부감이 없다면, 세상 어디에도 없을 '따귀 마사지'에 도전해보자. '꿍 똡나(มือตบเงินล้าน ตบนม ตบหน้า, www.bantobnom.com)'라는 방콕 외곽의 작은 숍인데, 태국 내에서도 전무할 정도로 이색 마사지의 끝판왕으로 알려져 있다. 한국에서는 과거

| 유노모리 온센 & 스파, 일본식 온천과 태국식 마사지를 접목한 숍이다.

예능프로그램 〈무한도전〉에서 선보인 바 있으며, 다수의 유튜버 및 인플루언서들의 많은 소개 덕분에 꽤 많이 알려진 곳이기도 하다. 마사지 프로그램은 주로 얼굴을 손으로 때리거나 몸을 때리는 등의 타격 방식으로 진행하게 되는데, 따귀 마사지를 통해 순간적으로 얼굴이 작아지거나 체형 변화에 도움이 된다고 한다. 생각해보면 방콕 외곽에 있어 이동시간이 조금 걸리는 데다 비용 또한 저렴한 것은 아니어서 굳이 돈까지 내가면서 빰을 맞아야 하나, 싶은 생각이 드는 숍이다. 하지만 한 번쯤 열린 마음으로 경험한다면, 분명 태국 여행 중 절대로 잊지 못할 추억이 될 것이다.

## 부록

# 알아두면 한층 즐거운 태국 여행 꿀팁

# 태국 패키지여행 준비와 함께 알아두어야 할 것들

여행사를 통해 패키지여행을 떠나는 것은 해외여행에 대한 막연한 두려움 때문일 수도 있고, 사회생활을 하면서 여행을 준비하는 데 시간이 부족하기 때문에 준비된 여행 상품을 이용하는 것일 수도 있다. 나이가 많아 도서나 인터넷의 정보를 이용해 여행을 준비하는 것에 어려움을 느끼기 때문일 수도, 혹은 여행 메이트가 아닌 전문 가이드의 도움이 필요한 상황이어서 패키지여행을 선택할 수도 있다. 여행사의 패키지여행을 이용하는 이유는 모두 다르지만, 여행 준비에 어려움이 있기에 여행사의 도움을 받는다는 사실은 달라지지 않는다.

여행사에서 패키지여행에 대한 프로그램 상담을 진행할 때, 패키지여행에서 꼭 필요한 정보를 함께 알려주면 좋다. 하지만 TV 속 홈

쇼핑이나 소셜커머스 업체를 통해 패키지여행 상품을 이용하거나 시간적 제약이 있는 여행 박람회 등의 행사에서 여행 상담을 받는 경우, 혹은 여행사 상담사가 깜빡하고 설명에 누락시키는 등의 이유로 패키지여행 프로그램에 대한 디테일한 내용이 아닌 여행 전반의 일반적인 내용까지 전달받기 어려울 수 있다. 대형 브랜드 여행사의 일정표에는 여행에 필요한 기본 정보가 일정표에 기재되어 있지만, 많은 내용이 적혀 있는 일정표를 꼼꼼하게 살펴보지 않으면 놓칠 수 있다.

그래서 이야기를 시작하기 전 태국 여행을 준비하면서 함께 알아두면 좋은 기본적인 사항을 총 세 가지 측면에서 먼저 정리해 보았다. 이것은 패키지여행을 준비하는 여행객뿐 아니라 태국 여행을 준비하는 여행객들에게도 필요한 정보이므로 꼭 기억해서 여행 준비에 놓치는 일이 없기를 바란다.

### 태국의 날씨

덥다. 말할 것도 없이 덥다. 태국은 동남아시아의 여러 국가와 마찬가지로 1년 내내 더운 열대성 기후를 가진 곳이어서, 기본적으로 한국의 여름과 환경이 비슷할 것으로 예상하고 여행을 준비해야만 한다. 물론 그나마 가장 온도가 낮은 시기인 12월~2월의 경우, 치앙마이와 같은 북부 산간지방은 최저 15도까지 떨어지기도 하므로 봄가을 의복이나 바람을 막아줄 외투를 준비해야 한다.

4~5월은 태국이 가장 더운 시기이다. 4월에는 '송끄란'이라는 명

절이 있어 관련 축제가 열리기도 한다. 태국의 설날이라고 불리는 송끄란 축제는 1년 중 태국이 가장 더울 때여서 젊은 층을 중심으로 물을 뿌리는 행사가 태국 곳곳에서 열린다. 더위에 대비하는 의미가 있는 송끄란 축제 때에는 남녀노소, 현지인, 여행객 가릴 것 없이 상대에게 마구 물을 뿌린다. 물총, 바가지, 물풍선 등 다양한 아이템을 사용하여 서로서로 물을 뿌리는데, 축제 시기에 태국으로 여행을 간다면 옷이 젖는 상황이 자주 발생하게 되므로 여분의 의복을 더 챙기는 게 좋다. 태국 내에서도 1년 중 가장 사고가 많은 시기 또한 송끄란 축제로, 여행 시 사고에 항상 대비하여야 한다. 축제 기간 중 물로 인해 피해가 발생해도 손해배상을 청구하는 것이 불가능하다는 점을 꼭 알아두자.

태국에는 건기와 우기가 존재하는데, 몬순 시즌으로 불리는 우기에는 건기 때보다 비가 더 많이, 더 자주 내리게 된다. 물론 날씨는 누구도 예측할 수 없으며, 이상 기후로 인해 환경이 많이 바뀌어 우기 때 비가 적게 내릴 수도, 건기임에도 비가 내릴 수도 있다. 일반적으로 태국의 건기는 11월~2월, 우기는 5월~10월로 알려져 있으며, 숙소의 가격이나 항공권의 가격이 건기 때보다 우기 때 좀 더 저렴하다.

태국의 서부 지역, 푸켓이나 카오락, 크라비와 같은 지역은 위에서 언급한 대로 5월~10월이 우기다. 하지만 동부의 걸프만 해변 방면, 코사무이나 코팡안, 코타오 인근은 서부 지역과는 반대로 11월~4월이 우기라고 알려져 있다. 인터넷 블로그나 자료에서 이 내용을 확인할 수 있으며 여행사의 상담사들 또한 코사무이의 우기는 푸켓과 반대라고 이야기하곤 한다. 하지만 무조건 그렇다고 볼 수는 없다.

실제로 전 세계의 날씨를 확인할 수 있는 'Weather Spark' 자료를 통해 비교해 본 바로는, 코사무이의 우기인 12월~2월 시기의 강수량은 같은 시기 건기에 해당하는 푸켓과 사실상 차이가 거의 없었다. 비가 내린 날 수를 비교해도, 월평균 푸켓보다 코사무이에서 1일 더 많이 비가 내렸다. 코사무이의 건기라고 알려진 5월~10월의 경우 푸켓에 비해 강우량이 약간 적을 뿐, 실제 통계상으론 11월~4월에 비해 비가 더 많이 내렸다. 코사무이를 다른 지역과 비교했을 때 전반적으로 강우량이 적은 편이기 때문에 건기와 우기가 다른 지역들과 다르다는 생각이 들 뿐, 실제 자료를 살펴보면 코사무이와 같은 동부 또한 서부 지역과 크게 차이가 없다.

하지만 건기라고 해도 비가 내릴 수 있고, 우기라고 해도 비가 안 오는 날이 있을 수 있다. 자연 현상은 여행에 있어서 말 그대로 복불복이다. 그러므로 우기 때 여행을 갈 수밖에 없다고 해서 한없이 우울해할 필요도, 건기 때 갔다고 해서 우산 하나 안 챙겨가는 일은 없어야 한다.

## 환전과 신용카드

태국은 '바트'라는 이름의 화폐 단위를 사용한다. 환전할 때의 환율에 따라 다르겠지만, 일반적으로 100바트는 한화 약 3,500원~4,000원이다. 미국 달러나 일본 엔화에 비해 환율 계산이 조금 복잡

할 수 있지만, 여행을 다니면서 현지 물품을 구매하거나 식당을 이용하다 보면 금방 적응할 수 있다.

최근에는 국내 다수의 은행에서 바트화를 보유하고 있기 때문에 은행에 직접 방문해서 한화를 바트화로 환전하는 것이 어렵지는 않다. 과거에는 은행에서 바트화를 보유하고 있는 경우가 많지 않아서, 공항에서 환전하거나 미국 달러로 환전한 후 미국 달러를 태국 현지에서 바트화로 환전하곤 했다. 물론 자유 여행이라면 지금도 미국 달러로 먼저 준비한 후 태국에서 달러를 바트화로 환전하는 방식을 추천한다. 은행에서 바로 한화를 바트화로 환전하는 것에 비해 한화를 미국 달러로 환전하는 것이 환율 우대 측면에서 이득이기 때문이다.

이것은 환전할 때 드는 은행 수수료를 절감하는 방식인데, 환전하고자 하는 금액이 많다면 수수료를 최대한 절감하는 것이 이득인 만큼 미국 달러로 환전하도록 한다. 단지 현지에서 달러를 바트화로 환전해야 하는 번거로움이 있으며, 태국 내 일부 환전소에서는 환전 시 지폐를 덜 챙기는, 이른바 '밑장 빼기'를 하는 경우도 종종 있으므로 주의해야 한다. 최근에는 '트래블월렛', '트래블로그'와 같은 시스템을 활용해 수수료를 절감하는 방법도 있으므로 적절한 방법을 잘 찾아보기 바란다.

여행사에서는 환전 팁으로 '달러와 바트화를 적절히 가져오는 게 좋다'거나 '달러로만 챙겨 가이드를 통해 바트화로 환전하는 것이 좋다'고 안내한다. 이는 여행사의 패키지여행 프로그램 속 추가 지불 여부와도 관계가 있는데, 대표적으로 가이드 팁이나 옵션 투어에 들어가는 비용에 해당된다. 패키지여행 일정표에 기재된 가이드 팁이나 옵션 투어 비용은 모두 미국 달러 기준으로 기재되어 있으며, 태국 바트화나 한화로 기재된 경우는 거의 없다. 이는 미국 달러의 가치가 바트화보다 높기 때문이고, 여행객이 바트화보다 달러를 환전하기 더 편하기 때문이며, 바트화보다 달러가 한화와 비교하기 편하기 때문이다.

이러한 복합적인 이유로 여행사에서는 바트화보다 달러로 환전하는 것이 더 좋다고 설명하기도 하는데, 그렇다고 해서 바트화를 전혀 가지고 있지 않다면 패키지여행 중에도 불편한 상황이 발생할 수 있다. 예를 들어 편의점에 가서 소소하게 무언가를 산다고 가정했을 때, 바트화가 아닌 달러로 계산하게 되면 편의점 직원은 당황하며 계산이 불가능함을 어필할 수 있다. 우리나라의 편의점에서 물품을 고른 후 계산할 때 미국 달러를 낸다고 생각해보자. 편의점 직원이 얼마나 당황스러워할지 상상이 된다.

이러한 이유로 여행사에선 미국 달러와 바트화를 적절히 섞어 준비해오라고 설명하는 것이다. 하지만 해외여행 경험이 부족한 여행객에게는 어느 정도의 비율로, 얼마를 환전해야 하는지 막연할 수 있다. 여행사의 패키지여행 프로그램으로 진행할 때의 환전 팁을 간단히 설명하면 다음과 같다. 달러는 가이드 팁에 옵션 투어 3~4개 정도 예상한 상태에서 살짝 넉넉하게 환전하는 것이 좋다.

자유롭게 사용할 여유 자금이자 비상금은 바트화로 준비하자. 도저히 바트화를 가져갈 상황이 안 된다면 미국 달러로만 환전하되,

현지에서 가이드를 만났을 때 달러밖에 없음을 알려주는 것이 좋다. 가이드는 투어 중간에 달러를 바트화로 환전할 수 있도록 도와줄 것이며, 가이드와 함께 환전소에 방문하는 만큼 환전소에서 사기를 당할 가능성도 거의 없다. 환전이 어려운 경우 한화를 가지고 패키지 여행에 임해도 크게 문제가 되지 않으며, 해외에서 한화를 바트로 환전하는 것도 가능하다. 하지만 미국 달러를 바트화로 환전하는 것보다 값어치를 잘 쳐주는 편은 아니므로 추천하지 않는다.

해외에서 사용이 가능한 신용카드도 꼭 준비하자. VISA 혹은 MASTER 계열의 카드를 추천하며, 유니온페이나 아메리칸 익스프레스 등의 카드는 추천하지 않는다. 현지에서 구매할 때도 카드를 사용할 수 있지만, 카드로 구매하지 않는다고 하더라도 카드가 필요한 상황이 발생할 수 있다. 해외 사용이 가능한 카드가 필요한 가장 큰 이유는 바로 '호텔 보증금(디파짓)' 때문이다.

일반적으로 해외에서 호텔이나 리조트에 투숙할 때 일정 금액을 보증금으로 걸게 된다. 호텔의 부대시설이나 객실 내 기물 파손이 발생했을 경우 호텔 측에서 손해배상을 청구하기 위해 보증금을 걸기도 하고, 혹은 호텔 내 유료 시설을 이용하거나 유료 물품을 사용했을 경우 사용한 만큼의 금액을 지불하는 목적도 있다. 만일 투숙객이 해외여행 중 호텔 기물을 파손한 채 본국으로 귀국하게 되면, 호텔 측에서 투숙객에게 손해배상을 청구하기 어렵다. 그래서 미리 일정 금액을 보증금으로 걸어 두고, 문제가 발생했을 때 보증금에서 문제가 된 금액을 차감하는 방식을 사용하는 것이다.

국내 4성급 이상의 호텔에서도 외국인 관광객에게 같은 이유로 보증금을 요구하며, 전 세계 유명 브랜드 호텔들의 경우 빠짐없이 보증금 시스템을 갖추고 있다. 호텔 측에서 보증금을 이유로 여행객에게 금액이나 신용카드를 요구하는 것이 잘못된 게 아니며, 여행객을 불쾌하게 하고자 하는 것이 아니라는 점을 알아둘 필요가 있다.

물론 태국 내 모든 리조트와 호텔에서 보증금을 요구하는 것은 아니다. 하지만 4성급 이상의 호텔이나 리조트를 이용할 경우 보증금을 요구할 가능성이 높다. 특히 신혼여행으로 방문하게 되는 초호화 리조트라면 더더욱 그렇다. 현금으로 보증금을 거는 것이 불가능하진 않지만, 호화 리조트일수록 큰 금액을 보증금으로 걸어야 하는 만큼 불편할 수 있다. 문제없이 리조트를 이용했다면 현금으로 걸었던 보증금을 체크아웃할 때 모두 돌려받을 수 있다. 투숙 중에는 그 금액만큼을 리조트에 맡겨 놓는 것과 다름이 없으므로 실제로 현금을 사용하고자 한다면 불편한 상황이 발생할 수 있다.

만일 VISA 혹은 MASTER 계열의 해외 사용이 가능한 신용카드를 보유하고 있다면, 보증금을 카드로 결제할 수 있다. 이때 카드 결제를 실제로 진행하는 것이 아닌 일종의 '가승인' 상태로 진행하게 되는데, 실제 카드 결제가 이루어지는 것이 아니라 카드 정보를 리조트에서 확인해 두는 것이라고 볼 수 있다. 체크아웃할 때 유료 제품을 사용했거나 기물 파손이 확인된다면 제시했던 카드를 통해 대금이 지급되며, 실제 현금이 오가는 것이 아닌 만큼 훨씬 편리하다.

실제로 일부 고급 리조트의 경우 현금으로는 보증금을 받지 않는다. 이러한 이유 때문에라도 해외에서 사용이 가능한 카드를 꼭 가져가는 것이 좋다.

### 기본적인 주의 사항

태국 입국 과정에서는 세관 신고 및 검사를 주의해야 한다. 그중에서도 술과 담배에 대한 제약이 있는데, 1인 기준 술은 1리터 이하, 담배는 한 보루 이하의 무관세 규칙을 철저히 지켜야 한다. 특히 국내 여행객들의 경우 담배 때문에 종종 문제가 발생한다. 인천공항 면세점에서는 담배를 저렴하게 구매할 수 있기 때문에 세관 검사를 생각하지 않고 담배를 구매하는 여행객이 있다. 만일 태국 입국 시 위의 규정을 지키지 않아 적발될 경우, 압수에서 끝나는 것을 넘어 벌금까지 물리기도 한다. 벌금을 내지 않으면 공항을 빠져나갈 수 없고, 불필요한 다툼을 하다 필요 이상의 시간이 지체되면 벌금은 벌금대로 내고 이후 투어마저 모두 꼬일 수 있다.

앞서 이야기한 대로 담배의 경우 일반 연초 담배는 한 보루 이하를 지참할 수 있으나 전자담배는 소지 자체가 불법인 만큼 더욱 주의해야 한다. 전자담배를 이용해 마약 범죄를 저지를 수 있다는 이유로 일반 연초 담배보다 훨씬 더 강력한 규제를 하는데, 만일 전자담배를 소지했다 적발되면 압수와 함께 고액의 벌금을 내야 할 수 있으므로 꼭 주의하자.

2022년부터 여행자 보험에 반드시 가입해야만 태국 입국 및 여행을 할 수 있다는 규정이 생겼다. COVID-19 이슈로 인해 생긴 규정이지만, 실제 COVID-19 팬데믹이 가장 심각했던 2021년~2022년 초에 비하면 조금 완화된 규정이긴 하다. 팬데믹 때의 규정인 미화 10만 달러 이상이 보장되는 의료보험과 타일랜드 패스 작성 등의 규정들은 대부분 사라진 상태지만, 여행자 보험에 가입하지 않은 것이 적발될 경우 입국이 불가할 수 있으므로 출국 전 여행자 보험에 가입하기 바란다.

마지막으로, 여행 중 태국 현지인과 마찰을 일으킬 만한 상황을 절대 만들지 않도록 주의하자. 특히 무의식중에라도 왕과 승려를 조롱하거나 모욕하는 행위를 해선 안 된다. 태국의 기성세대들은 보수적인 편이어서 왕권과 종교를 모욕하는 행위를 절대 용납하지 않는다. 어떤 외국인은 길거리에서 왕을 조롱하는 행동을 했다가 현지인들에게 집단 구타를 당하기도 했고, 태국 내 불교 사원에서 다른 종교를 포교하려 했던 외국인이 현지인들에 의해 쫓겨나는 상황도 본 적이 있다. 아이들이 귀엽다고 머리를 쓰다듬어도 현지인들에게 미움을 살 수 있는데, 태국인들은 머리를 통해 영혼이 빠져나간다고 생각하기 때문이다.

이처럼 여행 시 그 나라의 종교나 문화에 거부감이 생길 수 있는 행동을 하지 않도록 주의해야 하며, 단순히 어글리 코리안으로 끝나는 것이 아닌 큰 싸움으로 번질 수도 있으므로 태국의 문화를 존중하며 여행을 즐기는 게 바람직하다. 로마에 왔으면 로마법을 따르라는 말처럼 우리의 세상이 아닌 다른 세상을 여행하고자 한다면 최소한의 기본을 꼭 지켜야 즐거운 여행을 즐길 수 있지 않을까 생각해본다.

# 쇼핑, 패키지여행에서 가장 불편한 시간?

여행사에서 판매하는 패키지여행 프로그램을 극도로 싫어하는 부류가 있다. 패키지여행 프로그램 내에 들어있는 수많은 액티비티를 비롯한 다양한 일정, 항공권 및 리조트 등을 똑같이 개인적으로 따로따로 예약 및 구매한다면 여행사에서 파는 패키지 상품가보다 더 많은 예산이 들어갈 수밖에 없다. 패키지여행 프로그램은 여행사에서 각 리조트 및 투어 프로그램을 진행하는 업체와 저렴하게 계약해서 진행하는 만큼 가격 부분에서 충분히 경쟁력이 있다. 가이드가 직접 전용 차량으로 투어를 인솔하는 방식이라 이동에 대한 부담도 적고 해당 여행지에 대한 자세한 설명까지 들을 수 있음에도 불구하고 왜 패키지여행이라고만 하면 그렇게 싫어하는 사람들이 있을까?

최근에는 개인의 프라이버시 때문에 다른 사람들, 다른 팀과 엮이지 않고 자유롭고 여유로운 여행을 원하는 여행객이 증가했고, 패키지여행 프로그램에 포함되지 않은 이색적인 액티비티를 즐기고자 하는 여행객 또한 많아진 것도 그 이유가 될 것이다.

하지만 이와 같은 이유로 패키지여행을 비판하는 것은 비교적 최근의 이야기이고, 과거부터 여행사의 패키지여행 프로그램을 싫어하는 사람들의 이유를 들어보면 보통 '옵션 투어'와 '쇼핑 투어'에 대한 이야기가 항상 함께 나오곤 한다. 옵션 투어에 대해서는 태국 내 지역별 여행을 소개할 때 다룬 내용이므로 가장 말이 많은 쇼핑 투어에 대해 살펴보기로 하자.

여행 중 즐기는 쇼핑은 각별하다. 누군가는 가족이나 지인에게 줄 기념품 및 선물을 구매하기 위해, 누군가는 자신을 위한 선물처럼 여행 중 쇼핑을 즐길 것이다. 대표적인 쇼핑 품목은 주로 한국에서는 구매하기 어렵거나 너무 금액이 비싼 물품들이며, 간단한 간식부터 미용 및 패션용품, 크게는 명품 제품까지 다양하다. 특히 쇼핑을 좋아하는 사람들에게는 외국에서의 쇼핑만큼 이색적이면서 즐거운 시간은 없을 것이다.

하지만 이것은 어디까지나 원하는 시간에, 만족할 만큼의 시간을 들여 쇼핑했을 때의 이야기이다. 가이드와 함께 원하지도 않는 쇼핑 장소에 방문해 강제로 쇼핑센터에서 일정 시간 이상을 허비했을 때의 이야기는 분명 아닐 것이다. 여행사에서 판매하는 패키지 일정에는 이러한 강제적 쇼핑 시간을 '쇼핑 투어'라는 명목으로 넣어 둔다. 투어라고 하기에는 지식이나 역사를 배우는 시간도 아니고 스노클링이나 스킨스쿠버 같은 신나는 액티비티를 즐기는 시간도 아니다. 그저 여행사와 제휴하고 있는 지역 내 쇼핑 숍 몇 군데를 방문하게 되며, 구매 여부와 관계없이 정해진 시간만큼 숍에서 대기해야 하는 것 자체가 여행객들에게 거부감을 주는 것이다.

우선 패키지 프로그램 내 쇼핑 투어 중 방문하는 쇼핑 숍에서 발생한 문제는 계약한 여행사에서 100% 문제를 해결해주지 않는다는 점을 인지하고 있는 것이 좋다. 최초 계약한 여행사에 이미 구매한 쇼핑 제품에 대해 이런저런 불만을 표현하며 컴플레인 및 클레임을 제기하는 경우가 많은데, 쇼핑에 대해 컴플레인을 제기하더라도 여행사 측에서는 쇼핑 숍에서 판매하는 물건에 대한 정보가 많지 않아 크게 도움을 줄 수 없다. 이를 제대로 이해하기 위해서는 여행사와 랜드사, 그리고 쇼핑 숍의 관계를 알아야 한다.

만일 여러분이 H 여행사에서 푸켓 4박 6일 A 패키지여행 상품을 구매했다고 가정해보자. H 여행사는 자사에서 판매하는 다양한 푸켓 여행 상품 중 고객에게 잘 맞는 상품을 추천 및 판매하는 역할까지만 하고, 실제로 푸켓 여행을 진행하는 여행사는 따로 있다. 푸켓 현지에서 A 패키지여행 일정을 만들어 H 여행사에 판매한 현지 여행사를 '랜드사'라고 하는데, 랜드사는 H 여행사에서 직접 운영하는 직영일 수도 있고, H 여행사에서 푸켓 현지에 있는 여러 현지 랜드사들 중 가장 괜찮은 곳 몇 군데를 선정 및 계약하여 H 여행사의 이름을 붙여 상품을 판매하기도 한다.

여행사에서 판매하는 모든 패키지 프로그램은 대부분 이런 방식이다. 랜드사는 H 여행사에 좋은 패키지 프로그램을 만들어 판매하고, H 여행사는 여행을 즐길 고객에게 랜드사의 패키지 프로그램을 여행사의 이름을 붙여 판매하며, 실제로 현지에 도착하면 H 여행사가 아닌 랜드사에서 고객들을 인솔하며 여행을 진행하게 되는 것이다. A 패키지여행 상품을 판매한 것은 H 여행사지만, 실제로 여행을 진행하는 것은 H 여행사가 아닌 A 패키지 프로그램을 판매한 랜드사인 것이다.

그렇다 보니 실제로 현지 쇼핑 숍과 계약해 쇼핑 투어를 진행하는 것도 H 여행사가 아닌 랜드사이며, 쇼핑 투어 중 발생한 문제에 대한 책임은 결국 랜드사와 물건을 판매한 쇼핑 숍에 있다. 만일 가이드나 쇼핑 숍 직원이 고객들에게 불편을 느낄 수 있는 말이나 행동을 하는 등의 감정적인 문제가 발생했다면 이를 총괄하는 랜드사가 최선을 다해 해결해야 하며, 단순히 제품에 대한 직접적인 문제가 발생했을 때는 실제 물건을 판매한 쇼핑 숍에서 책임지게 된다.

예를 들어 제품의 불량에 대한 문제나 단순 변심으로 인한 교환 및 환불의 경우 여행사와 랜드사에서 문제를 해결해주기 어려운데, 이런 문제들은 랜드사가 아닌 상품을 취급하고 판매한 숍에서 교환 및 반품, 환불을 해주는 등의 조치를 해야 하는 부분이기에 랜드사는 그저 숍과의 연락을 도와주는 역할 정도만 할 수 있다.

만일 이런 상품의 문제를 여행사에 직접 문의할 경우 여행사는 랜드사에 관련 내용을 전달하고, 랜드사는 다시 숍 쪽으로 내용을 전달해야 하는 만큼 해결까지 시간이 꽤 많이 걸린다. 쇼핑 숍에서 판매한 상품의 교환, 반품, 환불 등의 문제를 빠르게 해결하기 위해서는 당시 투어를 진행했던 가이드의 연락처를 반드시 확보해 두는 것이 좋으며, 더 좋은 방법은 쇼핑 숍과 직접 연락을 취할 수 있는 통로를 미리 확인하는 것이다. 보통 패키지여행 중 방문하게 되는 쇼핑 숍들은 대부분 카카오톡이나 라인 등의 스마트폰 메신저를 통한 문의가 가능하므로, 물품을 구매했을 때 해당 숍의 연락처와 함께 메신저 아이디 또한 함께 체크하면 좋다.

쇼핑 투어 중 구매했던 제품에 대한 문제라면 숍과의 원활한 커뮤니케이션을 통해 해결하면 되므로 큰 문제가 되지 않는다. 사실 패키지여행 상품을 구매한 고객들의 컴플레인은 대부분 쇼핑 숍의 방문 그 자체에 있다. 여행사마다 일정 중 진행하는 쇼핑 투어를 표기하는 방법은 다양한데, 큰 규모의 여행사일수록 일정 중 어디서 어떤 제품을 판매하는 쇼핑 숍을 방문하는지 등의 내용이 일정표 내에 상세히 기록되어 있다. 국내 최대 규모의 여행사들은 일정표에 쇼핑 숍을 총 몇 회 방문하는지, 어떤 곳이며 어떤 제품을 판매하는지 등을 제대로 기재하는 만큼 크게 문제가 되진 않지만, 소규모 중소기업 여행사 또는 신혼여행 등의 특수성을 가진 여행 상품을 파는 여행사들은 일정표 내에 쇼핑 투어의 횟수 및 품목을 자세하게 기재하지 않는다.

패키지여행 일정표에 그저 '여행의 또 다른 즐거움, 쇼핑센터 방문' 등의 내용을 한두 줄 정도 기재하기 때문에 자세히 보지 않으면 놓칠 수 있다. TV 홈쇼핑으로 판매하는 여행 패키지 프로그램의 경우에는 그마저도 작은 자막으로 아주 빠르게 지나가 버리기 때문에 쇼핑에 대한 부분을 제대로 파악하는 것이 불가능하다. 심지어는 일부 여행사들의 경우 쇼핑 투어가 일정에 분명히 있음에도 불구하고 일정표에 기재하지 않아 이후 문제가 발생했을 때 제대로 대처하지 못하는 경우도 있다.

쇼핑 숍 방문 자체에 불만을 가진 고객이 발생하지 않으려면 여행사의 상담사 및 여행을 즐기는 고객 모두 패키지 프로그램 일정을 잘 확인해야 한다. 여행사의 상담사는 지금 판매하고 있는 패키지 프로그램 내에 어떤 쇼핑 투어가 어떤 방식으로 진행되는지 정확히 파악하고 쇼핑 투어에 대한 부분을 고객이 여행 상품을 결정하기 전 반드시 안내해야 한다. 일정표에 쇼핑 투어에 대한 사항이 기재되어 있다고 하더라도 고객들이 일정표를 꼼꼼하게 살펴보지 않는다면 내용을 놓칠 수 있기 때문이다.

여행 상품을 계약하는 여행객들 또한 여행사에서 판매하는 패키지여행 프로그램 내에는 쇼핑 투어가 포함되어 있음을 예상해야 하며, 특히 태국 패키지여행에는 거의 모든 상품 내에 쇼핑 투어가 포함된다는 것을 알고 있어야 한다. 만일 자세한 내용이 일정표에 기재되어 있지 않다면, 오프라인 여행 상담을 통해 쇼핑 투어에 대한 부분을 먼저 묻고 확인하자. 여행사 직원도 사람인지라 쇼핑 투어에 대한 부분을 얼버무리거나 잊고 설명하지 않는 경우도 종종 있으므로 여행객 스스로가 상담사에게 먼저 쇼핑 투어에 대한 정보를 질문해보는 것도 좋다.

만일 해외여행 경험이 거의 없어 태국 여행을 여행사의 패키지 프로그램을 이용하고 싶은데 쇼핑 투어에 대한 강한 거부감 때문에 패키지 프로그램으로 여행하는 것이 망설여진다면, 여행사에서 판매하는 다양한 패키지여행 상품 중 '노 쇼핑' 상품을 찾아보자. 대형 여행사의 태국 여행 패키지 상품을 살펴보면 여행 프로그램 타이틀에서 '노 쇼핑'이라는 키워드를 가끔 찾아볼 수 있다. 이는 곧 일정 중 가이드와 함께하는 쇼핑 투어가 전혀 포함되지 않았음을 의미한다. 단, 같은 일정과 같은 숙소, 같은 항공편을 이용하는 여행사의 패키지 프로그램이라 하더라도 노 쇼핑이라는 조건이 붙으면 상품가가 높아지는데 이것은 랜드사의 수익 구조에서 원인을 찾을 수 있다.

랜드사는 여타 다른 현지 랜드사들과의 패키지여행 상품 경쟁에서 좋은 위치를 차지하기 위해 상품가를 자꾸 낮추게 되는데, 경쟁이 심할 때는 수익이 전혀 나지 않는 적자형 패키지여행 프로그램을 만들기도 한다. 그리고 랜드사는 이러한 적자형 패키지여행의 일정 중 함께 진행하는 옵션 투어 및 쇼핑 투어를 통해 적자를 상쇄하는 추가 수익을 꾀할 수 있다.

예를 들어 쇼핑 숍에서 판매하는 A라는 상품의 판매가를 10,000원이라고 가정했을 때, 패키지여행객을 통해 A가 판매된 후 상품가인 10,000원에서 일부 수수료인 1,000원 정도를 랜드사에서 '쇼핑객 소개비 수수료'라는 개념으로 수익을 챙길 수 있다. 물론 제품과 계약 내용에 따라 수수료는 다르지만, 이런 형태로 랜드사에서 추가적인 수익을 가져간다는 사실은 어느 여행사나 동일하다.

그렇다 보니 적자형 패키지를 진행하는 랜드사의 가이드들은 어떻게든 쇼핑을 유도하게 되는 것이다. 그 과정에서 여행객들은 가이드의 쇼핑 강요에 불만이 생기게 된다. 특히 상품가가 저렴한 상품일수록 가이드의 쇼핑 강요가 커지는데, 옵션 투어나 쇼핑 투어 중 수익이 발생하지 않으면 열심히 패키지여행 프로그램을 진행하고도 적자가 발생하는 상황이 생기기 때문이다.

물론 최근에는 여행객들을 윽박지르며, 협박하듯 쇼핑을 강요하는 경우는 거의 없다. 경우에 따라 상품에 대한 가이드의 사소한 추천조차 여행객 마음에 들지 않으면 모두 강요로 느껴지기 때문에 가이드와 여행객 사이에 말다툼이 생기거나 여행 불만족으로 인한 컴플레인이 발생하기도 한다. 국내에서 알아주는 초대형 브랜드 여행사를 통해 여행을 진행했을 때는 이런 문제가 크게 두드러지지 않는 편이다. 초대형 브랜드 여행사의 경우 랜드사에서 제시하는 상품가와 관계없이 확실히 믿을 수 있는 랜드사와 계약을 하기도 하고, 랜드사 또한 브랜드 여행사와의 계약에 문제가 발생하지 않도록 가이드가 더 신경 써서 고객을 케어하기 때문이다.

하지만 규모가 작은 소규모 여행사일수록 브랜드 여행사와의 경쟁에서 이기기 위해 적자형 패키지여행 프로그램을 주력으로 내세우며, 이는 곧 추가 수익을 위한 가이드의 강요로 이어질 가능성이 있는 만큼 참고하는 것이 좋다. 만일 쇼핑 투어 자체가 마음에 들지 않는다면 앞에서 언급한 대로 노 쇼핑 패키지 프로그램을 선택하면 되지만, 쇼핑이 포함된 패키지여행 상품보다 가격은 비쌀 수밖에 없다.

같은 H 여행사에서 태국 여행을 계약했다고 해도 실제 패키지여행을 진행하는 랜드사마다 쇼핑 투어 때 방문하는 쇼핑 숍이 모두 같을 수는 없다. 랜드사별로 어떤 숍과 계약했는지, 어떤 숍과 계약했을 때 더 많은 상품이 팔리고 더 많은 수익이 나는지 모두 다르기 때문이다. 하지만 판매되는 상품의 카테고리를 비교해보면 꽤 비슷비슷하다. 태국 패키지여행 상품의 경우 대표적으로 라텍스 제품을 비롯해 보석, 꿀 등의 건강식품, 화장품 및 잡화 등이다.

과거 여행사에서 근무할 때, 패키지여행 상담 고객들이 가끔 이런 질문을 했다. "쇼핑 투어 중 어떤 것을 구매하면 좋을까요?" 사실 이렇게 주관적인 질문을 받으면 난감할 수밖에 없다. 고객들 개개인이 모두 다르기에 여행 상담사가 무엇을 어떻게 구매하라고 추천하는 것은 조심스러워질 수밖에 없다. 나는 상담하면서 다음과 같은 내용의 이야기를 고객들에게 해줬다.

잡화류의 경우 가족이나 지인들을 위한 기념품이 될 수 있는 소소한 제품들을 추천한다. 야시장과 같은 로컬 시장에서 파는 것보다 조금 더 비싼 편이지만 품질은 시장보다 좋은 편이다. 건망고와 같은 말린 과일도 간식으로 구매하기에 좋으며, 꿀이나 로열젤리도 다양한 용도로 활용할 수 있기 때문에 나쁘지 않다.

태국 패키지여행 프로그램 중 방문하는 라텍스 제품 숍. 태국을 비롯한 수많은 동남아시아 패키지여행 중 라텍스 숍을 방문하게 되는 경우가 많은데, 이것은 동남아시아의 수많은 나라에서 라텍스의 원료가 되는 고무나무를 쉽게 구할 수 있기 때문이다. 라텍스 제품

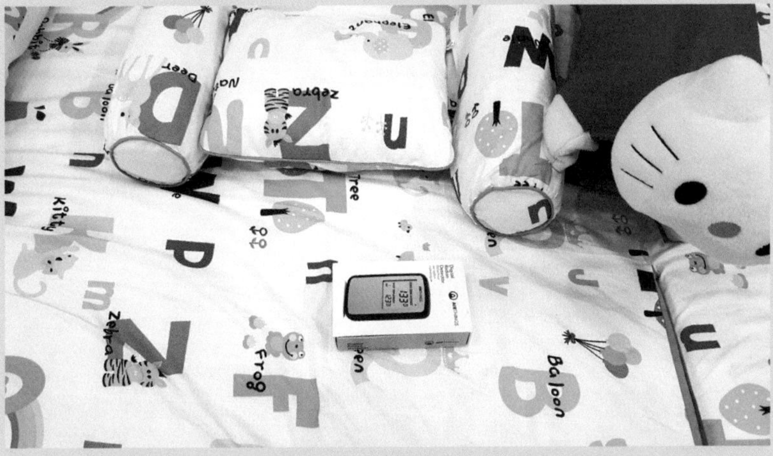

| 최근에 발생한 라텍스 라돈 사태 때문에, 여행 중 방문하는 대부분의 라텍스 숍에서는 라돈 측정기를 보유하고 있다.

의 경우에는 아무리 태국에서 구매하는 것이 국내보다 저렴하다 해도 가격 자체가 일반적인 잡화에 비해 비싸기 때문에 구매가 망설여지는 제품이다. 하지만 실제로 제품을 사용했을 때 매우 편하고 만족도가 꽤 높은 편이어서 구매 후 후회하는 경우는 많지 않다.

한때 라돈 이슈로 인해 라텍스 제품 쇼핑에 문제가 있었던 적도 있지만, 최근에는 라텍스 숍 내에 라돈 관련 측정기를 구비하고 있으며, 실제로 측정해보는 것도 가능하다. 하지만 이러한 이슈에 대한 걱정이 많은 사람이나 가격에 대한 부담이 있는 사람이라면 라텍스 제품 구매는 깊이 고민해볼 것을 권장한다.

화장품과 보석의 경우 다른 제품군에 비해 구매에 좀 더 주의할 필요가 있다. 화장품은 구매 전 현지 쇼핑 숍에서 샘플을 잠깐 사용해볼 수 있지만 소량을 사용했을 때와는 달리 구매 후 지속적으로 사용했을 때 개인의 피부 특성에 따라 이런저런 피부 트러블이 발생할 수 있다. 해외에서 구매한 화장품을 사용한 후 뒤늦게 피부 트러블이 발생했을 때, 이미 사용한 화장품을 태국 내 쇼핑 숍으로 반품 및 환불 처리하기가 까다로울뿐더러 만일 가능하다고 하더라도 해외 반품 특성상 시간과 추가 배송료가 들어가는 문제도 발생할 수 있다.

보석류의 경우 원석은 숍에서 설명한 것과 같이 국내에서 구매하는 것보다 저렴한 편이지만, 실제로 가공한 제품은 국내 주얼리 숍에서 구매할 수 있는 귀금속 제품과 가격 차이가 거의 없어서 이렇다 할 만한 메리트를 느낄 수 없다. 과거 패키지여행을 다녀온 고객이 보석류를 구매한 것에 대한 불만을 이야기한 적이 있는데, 태국 내 쇼핑 숍에서 가이드 추천으로 목걸이를 구매한 후 국내에 들어와서 진품 감정을 받았다고 한다. 당시 보석 감정을 했던 국내 주얼리 숍의 직원이 보석의 진품 여부를 확인해 주었으나, 동시에 비슷한 제품을 국내에서 더 저렴하게 구매할 수 있다는 이야기를 함께 했기에 고객 불만이 생기게 된 것이다. 보석류의 경우 귀금속이 꼭 필요한 것인지, 가격에서 메리트가 있는지 등을 확실히 따져보고 구매해야 한다.

패키지여행 중 진행하는 쇼핑 투어는 누군가에게는 '울며 겨자 먹기'와 같을 수 있다. 노 쇼핑 패키지 투어를 이용하면 되지만 그렇게 여행을 떠나자니 가격이 너무 비싸고, 저렴한 패키지여행을 위해 어쩔 수 없이 쇼핑 투어를 감수해야 하는 불편한 상황. 하지만 그저 억지로 따라다니는 쇼핑 투어보다는 태국 내 지역 특산품에 대해 자세한 설명을 들을 수 있는 시간이라고 생각한다면 꽤 유익한 시간이 될 수 있다.

가이드나 쇼핑 숍 직원의 강요에 의한 구매가 되기보다는 판매되는 제품이 꼭 필요한 것인지 여행객 스스로 깊이 생각하고 쇼핑을 즐겼으면 좋겠다. 패키지여행 중 굳이 필요하지 않은 물품을 억지로 구매한 후, 집으로 돌아와 그 제품을 바라보게 되면 여행의 좋지 않은 기억들만 자꾸 떠올리게 될 수도 있다. 충동구매가 무조건 나쁜 것이라고 할 수는 없지만, 이러한 충동구매로 인해 즐거웠던 여행의 마무리가 좋지 않은 기억으로 남지 않도록 신중한 쇼핑이 될 수 있도록 주의하기를 바란다.